JN237442

永久保存版

レンズが撮らえた

幕末日本の城

福井城（福井市立郷土歴史博物館蔵）

レンズが撮らえた
幕末日本の城
永久保存版

目次

北信越地方

東海地方

近畿地方

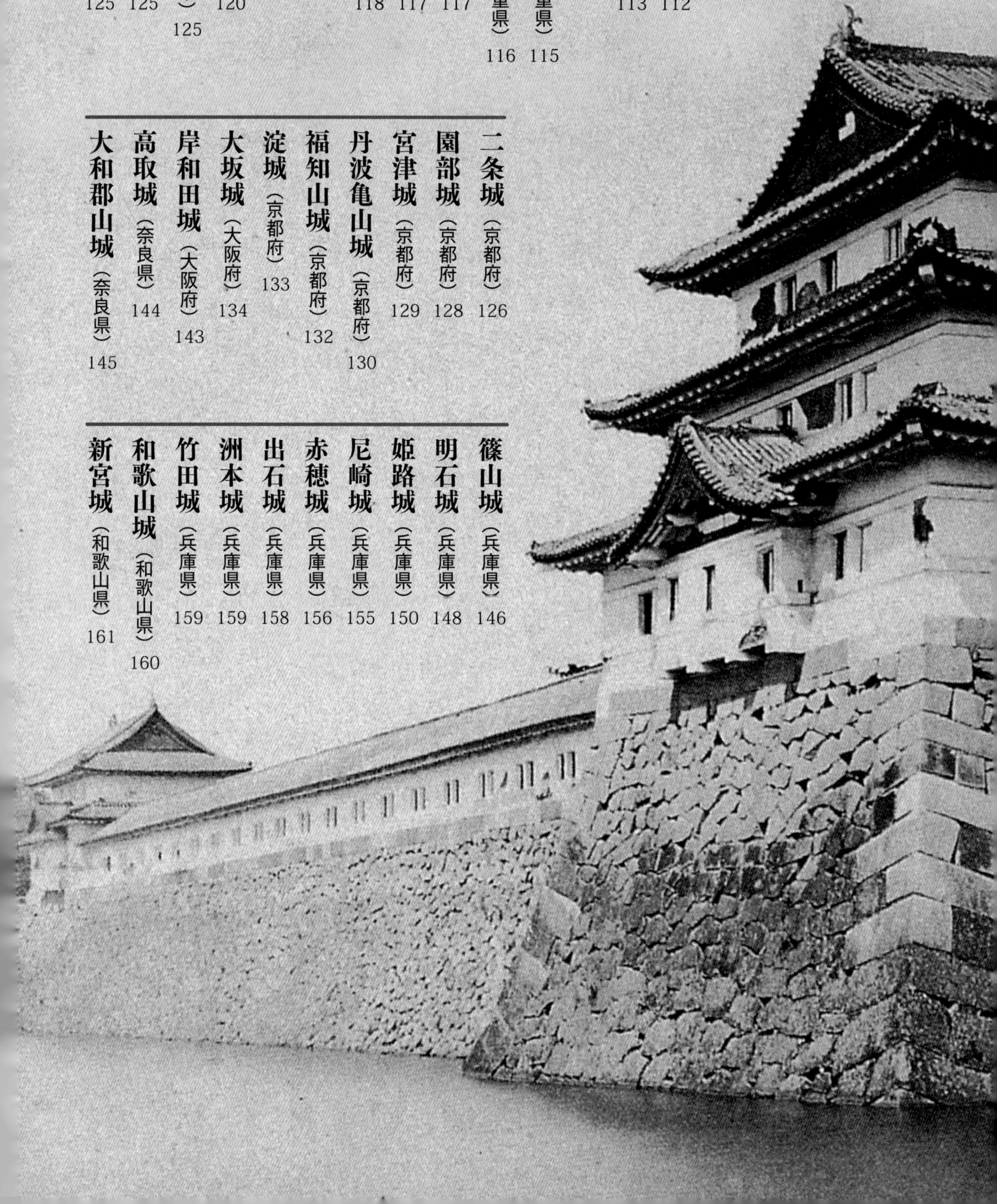

古写真と城

三浦正幸
広島大学大学院文学研究科教授

尾張徳川家14代藩主徳川慶勝（徳川林政史研究所蔵）
文久2年（1862）の撮影。徳川慶勝、一橋徳川茂徳、会津藩主松平容保、桑名藩主松平定敬ら高須四兄弟の長兄。

往時の勇姿を偲ばせる古写真

「むかしの光いまいずこ」と唄われているように、城跡の現状は破壊の限りである。ユネスコ世界遺産に登録された姫路城でさえ、往時の城内の建物は1割も残されてはいない。江戸時代には全国で200城（名目上で陣屋扱いだった五稜郭などの城を除く）ほどが存在したが、その石垣や土塁の上には櫓や土塀が隙間なく連なり、虎口には城門が立ちふさがり、本丸内には御殿建築が建ち並び、そして壮大な天守がそびえていた。今日の「荒城」状態からは想像もつかない。したがって、ほとんどすべての建築物を失った現代の城は、やはり「城跡」なのである。日本の城の本来の荘厳さは、荒廃した現状からは計り知れないが、古写真からなら往時の勇姿を偲ぶことができる。

城を撮影した写真は、城がまだ現役であった幕末に遡る。元治元年（1864）、尾張徳川家当主の慶勝が長州征伐に出陣した際に撮った広島城（188頁参照）や大坂城あたりが最古であろう。慶勝は名古屋城の撮影もしている。ほぼ同じ時期には、幕府が大坂城内をくまなく撮影させている。大坂城本丸は、慶応4年（1868）

大坂城本丸東面（宮内庁書陵部蔵）
慶応元年 (1865) 撮影。本丸東面には４棟の三重櫓がほぼ一直線に並び、大坂城内でも特に壮大な景観を呈していた。

名古屋城本丸辰巳櫓（徳川林政史研究所蔵）
幕末期、徳川慶勝の撮影。名古屋城二の丸御殿車寄付近より撮影。御殿の塀の内側の構造がよく分かる。当時、最高の軍事機密である城郭の撮影は慶勝ならではの被写体といえる。

徳川慶喜が江戸へ逃げ帰った後に全焼してしまったので、この時の写真がなければ、日本の城郭史上でもっとも壮観であった大坂城の姿を実感することはできなかっただろう。

明治維新を迎え、不用となった城がつぎつぎと取り壊されるようになった。とくに明治6年（1873）になって、城を所管していた陸軍省が鎮台などの陸軍施設として不要とした200城余り（陣屋城を含む）を廃城としたため、明治7年からは全国で城郭建築の取り壊しが活発化した。天守をはじめほとんどの建築は競売に掛けられて、二束三文で民間へ売却されてしまった。高麗門や薬医門などは社寺や邸宅の表門として移築再利用されて現存している例も少なくないが、天守・櫓・櫓門などは役に立たなかったらしく、大半は薪などにされて消滅した。

明治初期の城郭取り壊しの時期には、全国に写真が浸透し始めていた。そこで取り壊し間際の城の遺影がなんとか写されたのである。会津若松城・金沢城・岡山城・津山城・福山城などの勇姿を古写真で見ると、城郭ファンならずとも感動を覚えざるをえないだろう。

剥がれ落ちた白壁

明治初期の城郭建築の売却・取り壊しは、単に不用になったということだけではなく、その維持経費が莫大だったことに起因する。明治4年（1871）の廃藩置県以前から一部の藩では維持困難から城の取り壊しが始まっており、各藩から城の管理を受け継いだ陸軍省が廃城令を出したのは至極当然のことであった。

ところで、明治初期の古写真を見ると、どの城も荒れ果てて、とくに城の象徴であるべき白壁が無惨に剥がれ落ちてしまった状況が手に取るようにわかる。当時、健在であった城郭建築はむしろ稀であった。

戊辰戦争で官軍の砲弾を浴びた会津若松城天守の壁が落ち、屋根の一部が崩れているのは例外としても、小田原城や江戸城の櫓や門、萩城天守といった、白漆喰を塗籠めた壁の傷みかたは著しい。明治初期の名古屋城の天守や多門櫓の白壁もひどく破損している。

取り壊し直前の萩城天守の写真は4点

姫路城天守群（姫路市立城郭研究所提供）
総漆喰塗籠の五重六階・地下一階の天守は現存天守では最大の規模を誇る。

萩城天守（萩博物館蔵）
明治初期の撮影。

江戸城本丸乾二重櫓（小沢健志氏蔵）
明治初期の撮影。

小田原城南曲輪西櫓（横浜美術館蔵）
明治初期の撮影。

（原板が同じでも焼き付けの異なるものは多数）が残っている。そのうち2点では、天守東面（写真では右方）一階の壁の剥がれかたが甚大である。天守後方（北側）につづく付櫓も壁がひどく破損している。ところがもう1点の古写真では、それほど破損していない。撮影時期に差があるためだが、いずれも明治7年以前で、大差はないはずである。すなわち1～2年の差で白壁が大きく剥がれ落ちたのだ。

城の伝統的な白壁は、分厚い土壁の表面に厚さ3ミリメートルほどの漆喰を塗って仕上げたものである。漆喰壁は白く輝いて美しいが、雨水が掛かると薄い漆喰は簡単に剥がれてしまう。城郭建築の白壁は、耐用年限が10～20年しかない。黒塗りの下見板が張られている城が多いのは、雨よけのためで、とくに雨が掛かりやすい窓位置から下方を板張りにし、雨が掛かりにくい軒下は白壁としているのである。なお、第二次世界大戦後に解体修理された姫路城大天守の白壁は、現在進行中の修理工事までおよそ半世紀も剥がれずにもったが、それは伝統的な漆喰塗りではなく、耐用年限を増すためにセメントを混ぜて分厚く塗ってあったからである。

江戸時代には、土塀も含めて膨大な量の城郭建築の修理に莫大な経費を要してい

熊本城大天守と小天守（冨重寫眞所蔵）
明治７年（1874）頃の撮影。天守や小天守の窓の突き上げ戸が外れていたり、屋根瓦がずれている様子がわかる。慶長５年（1600）関ヶ原の戦いが終わると、その戦功で大加増を受けた外様大名衆がこぞって大型の天守を建てた。堀尾吉晴の松江城天守、池田輝政の姫路城天守、そして加藤清正の熊本城天守など多数に上り、全国の天守の大多数はこの時期に創建された。

た。なにしろ土塀だけでも総延長が数キロメートルに及ぶ城が少なくなかったからである。白壁の美から白鷺城と称えられている姫路城のような漆喰の塗籠の城であったら、漆喰の塗り直しは毎年の恒例事業だったはずだ。さらに屋根瓦の補修、窓などの建具の補修も大変であった。毎年の藩の歳入の1～2割を城郭の補修に投入していたようである。

明治初期の取り壊しを免れた熊本城の天守や櫓（半数以上の櫓や城門は取り壊し）では、窓の突き上げ戸が外れていたり、屋根瓦がずれていたりする様子が古写真に見える。修理せずに放置されていたようだ。熊本城大小天守や本丸御殿などは、明治10年（１８７７）の西南戦争で焼失した。

失われた天守

城の象徴であった天守も明治の取り壊しの例外対象ではなかった。明治初期に取り壊された天守（天守代用の三階櫓を含む）で、古写真が残されているものを挙げると、北から盛岡城・米沢城・会津若松城＊・古河城・高崎城・小田原城（解体中の写真）・新発田城・高島城・岡崎城・伊勢亀山城・丹波亀山城・尼崎城・鳥取

彦根城天守（松井久撮影）

犬山城天守（犬山市役所提供）

弘前城天守（弘前市役所提供）

姫路城天守（松井久撮影）

丸岡城天守（福井県観光連盟提供）

松本城天守（岩淵四季撮影）

城・米子城・津山城＊・萩城＊・徳島城・久留米城・柳川城＊・岡城である（＊印は五重天守）。

少しおくれて老朽化を理由に高松城と伊予大洲城の天守も取り壊された。現存する松本城＊・松江城・備中松山城の天守も老朽化がはなはだしく、古写真から倒壊しそうな天守の荒れ果てた様子が窺えるが、地元民の熱心な保存運動でやっと修理されたものである。

明治の取り壊しを辛うじて免れた天守も、西南戦争で熊本城＊が焼失し、さらに太平洋戦争の空襲で水戸城・名古屋城＊・大垣城・和歌山城・岡山城＊・福山城＊・広島城＊が失われ、戦後の火災で松前城が焼失している。戦災で失われた天守は、昭和戦前に撮影された内部の写真も残されている。

現存天守はわずかに12城であるが、明治維新以降に失われた天守で古写真が残るものは29城にも及ぶ。しかもそのなかには、江戸城天守とともに史上最大級であった名古屋城天守、現存最古の犬山城天守と同時期の建築である岡山城と広島城の天守、史上初の層塔型であった丹波亀山城天守といった、現存12大守をはるかに超える価値を有した天守が含まれている。岡山城天守は不等辺五角形の天守台に建てられており、安土城天主の面影に近いものであった。

また、萩城・高松城・熊本城の天守は1階が天守台から大きく張り出し、高松城は最上階も張り出した唐造（南蛮造）という特色のある形式であった。会津若松城や津山城の清楚な層塔型五重天守の造形美も城郭史上の記念碑である。高島城の柿《こけら》葺きの天守、最上重の屋根を丁字型にした新発田城天守（三階櫓）、北側が総鉄板張りであった福山城天守、いずれにしても現存天守にはまったく見られない価値や特色を備えた天守だったのである。

様変わりした復興天守

戦後になって全国で天守が続々と再興された。太平洋戦争で失われた天守は、水戸城を除いてすべて再興され、明治に失われた天守もその大半が再興された。しかし、それらの再興天守は鉄筋コンクリート造による外観だけの復元であって、内部は興ざめな近代的ビルディングである。近年になってようやく木造による天守再建が始まったにすぎず、伊予大洲城・白河小峰城などまだ例は少ない。

鉄筋コンクリート造の再興天守は、古写真と比べてみると、大なり小なり相違して

宇和島城天守（宇和島市教育委員会提供）

丸亀城天守（丸亀市教育委員会提供）

松江城天守（松井久撮影）

高知城（高知城管理事務所提供）

伊予松山城天守（松山市役所提供）

備中松山城天守（中田真澄撮影）

木造復元された天守

復元された大洲城天守（大洲市役所提供）
平成 16 年（2004）に木造復元された。

復元された白河小峰城天守（白河市歴史民俗資料館提供）
平成 3 年（1991）に木造復元された。

いる。窓の縦横比や大きさ、あるいは窓の数や位置、破風の曲線などは多くの再興天守で古写真と相違している。窓の建具については、正しく復元されている例のほうが少ない。木製の突き上げ戸や漆喰塗の引き戸は、再興天守では省略されてしまい、味気ないガラス戸に変えられている。そうしたわずかな相違であっても、天守外観の趣きには大きな違いを生じさせる。復興天守になべて品格が足らないのは、そうした相違に原因がある。人の顔に例えれば、目のまわりのメークを少し変えただけで全く別人に見えてしまうのと同じである。だれが見ても間違っているといえるものでは、最上階に廻縁を新設してしまった岡崎城天守、最上階の窓をふやしたり大きくしたりして展望台としての便をはかった名古屋城・大垣城・高島城・熊本城の天守などがある。古写真に見られる気品のある外観が大きく損なわれていることをぜひとも確認していただきたい。

五《ご》稜《りょう》郭《かく》

築城年／元治元年（1864）
慶応３年の城主／杉浦勝誠
慶応３年の石高／幕府直轄
存廃城／存城と同様の扱い
所在地／北海道函館市五稜郭町

日米和親条約が結ばれ箱館の開港が決まると、幕府は海防のため、安政４年（1857）武田斐三郎設計による西洋式の稜堡式城塞の築造に着手。明治元年（1868）に旧幕軍が立て籠もり、箱館戦争の舞台となった。現在城郭の一帯は「五稜郭公園」として整備され、函館の観光スポットとなっている。

主塁の出入り口・虎口を見る（個人蔵）
昭和初期の撮影。

半月堡と主塁を望む（個人蔵）
昭和初期の撮影。五稜郭は防備上の死角を減らすために五つの突角を持った稜堡式の城塞とし、稜堡は低塁と本塁で構築されている。画面右側が郭内で、周囲を石垣積みによる水堀で囲み、さらに外周には長斜堤と呼ばれる土塁を備え、防御性を考慮している。五稜郭は当初土塁で計画されたが、凍結による土塁崩壊の危険があったため石垣が構築された。石垣は主要な主要な分は切込接。

半月堡より見た主塁（大手口）（個人蔵）
石垣天端に庇のように張り出した跳出を設ける。

主塁を望む（個人蔵）昭和初期の撮影。

主塁と稜堡（鳥羽コレクション）
昭和初期の撮影。

裏門橋の虎口（鳥羽コレクション）
昭和初期の撮影。

見隠塁と郭内（鳥羽コレクション）
昭和初期の撮影。写真右が見隠塁。

五稜郭箱館奉行所玄関（函館市中央図書館蔵）
明治初期の撮影。五稜郭の中心的な建物が函館奉行所である。函館奉行所は慶応２年（1866）に完成し、星形平面の稜堡のほぼ中央に建てられた。大屋根の中央に楼閣を設け、二重屋根の下は下見板張りの袴腰としている。このような楼閣は幕末の江戸城・大名屋敷で見られ、慶応３年（1867）に完成した前橋城本丸御殿の玄関上にも見ることができる。

夏期の箱館奉行所玄関
（江戸旧事来訪会『江戸』所収）
明治２年（1869）頃の撮影。冬季には上の写真のように入母屋造の玄関部分に雪囲いが施されたが、夏期にはこれがない。

堡塁の石積（鳥羽コレクション）
昭和初期の撮影。

裏門の柵（鳥羽コレクション）
昭和初期の撮影。

半月堡塁と二の橋（鳥羽コレクション）
昭和初期の撮影。

本丸三重櫓（天守）（函館市中央図書館蔵）
大正２年～６年（1913 ～ 17）の撮影。大棟には鯱が見当たらない。冬場の気候が厳しいため、瓦葺とせず銅板葺としている。

松前城《まつまえ》

築城年／安政元年（1854）
慶応３年の城主／松前徳広
慶応３年の石高／３万石
存廃城／廃城
所在地／北海道松前郡松前町松城

嘉永２年（1849）幕命により、北辺防備を名分として松前崇広が築城に着手。和式城郭最後の築城となった。海への防備を主体とした構造のため、新政府軍に与した戊辰戦争では旧幕軍に陸側を突かれて敗走。維新後も城は残ったが、昭和 24 年（1949）焼失。同 36 年、天守が再建されている。

本丸御門と三重櫓（天守）（函館市中央図書館蔵）
明治８年～ 33 年（1875 ～ 1900）の撮影。本丸御門前は本丸の大手にあたる櫓門。切妻造であるが、屋根は内側に低く外側に高くなっていて、他に類を見ない。天守には鯱がなく、天守台には柵が巡っている。

三重櫓（天守）一階内部（『焼失文化財』所収）
昭和前期、焼失前に撮影された。

三重櫓（天守）（『焼失文化財』所収）
昭和前期、焼失前に撮影された。鯱は一時取り外されていた。

南東から望んだ松前城（函館市中央図書館蔵）
慶応３年（1867）の撮影。松前城は、天守（三重櫓）をはじめ二重櫓３棟、櫓門３、平門11を構えたほか、城の海岸側の三の丸には砲台７（城外に９）を備えた、幕末期に整備された最新鋭の城である。写真は左から二の丸大手門、太鼓櫓、その奥に本丸御門、その左に天守。天守の手前に見えるのは三の丸天神坂門。右方に搦手門、二重櫓が見える。天守・本丸御門・本丸表御殿を除くすべての建物は明治20年（1887）頃に取り壊された。

松前城遠望（個人蔵）
着色された写真絵はがき。

本丸三重櫓（天守）と旧本丸御殿
（松前町教育委員会蔵）
明治期の撮影。本丸内から見ている。御殿は明治33年（１９００）に取り壊されるまで小学校校舎として使用された。

本丸三重櫓（天守）と旧本丸御殿
（大類コレクション）
昭和初期の撮影。

弘前城《ひろさき》

築城年／慶応 16 年（1611）
慶応３年の城主／津軽承昭
慶応３年の石高／ 10 万石
存廃城／存城
所在地／青森県弘前市下白銀町

慶長 16 年（1611）築城され、以後津軽氏代々の居城となった。当初五重の天守を誇ったが、江戸初期に落雷によって焼失。文化７年（1810）に至って、現存する三重三階の天守（御三階櫓）が築かれている。明治維新を迎えても破却は免れ、天守を含む櫓４基、櫓門５基が現存する。

移築中の本丸三重櫓（天守）（個人蔵）
明治 29 年（1896）撮影か。

二の丸から見た本丸三重櫓（天守）（弘前市教育委員会蔵）
明治初年の撮影。弘前城天守は文化７年（1810）に隅櫓を改築して新造した三重三階の層塔式天守である。天守右方に多聞櫓が延びるが、写真の天守および多聞櫓壁面に加筆が見られる。左手には屋根の小さな高麗門形式の武者御門が見える。この門の先は出丸になっており、矩折に曲がって本丸に入る。

移築中の本丸三重櫓（天守）（個人蔵）
明治29年（1896）に天守台石垣が崩壊したため、本丸内に仮の櫓台石垣を設け、曳屋により移した。石垣の修理は大正になってから着手された。天守手前には崩壊した天守台石垣が確認できる。写真は天守を移動し、石垣の修理が行われたが、その際の一景である。

弘前城二の丸未申櫓（個人蔵）
弘前城は明治28年（1895）、旧藩主津軽家が城地をを市民公園として貸与を願い出て許可され、弘前公園として市民に一般開放される。同31年に - 三の丸が陸軍兵器支廠（のち第8師団兵器部）用地となる。二の丸未申櫓は現存し、写真は明治後期の撮影と推定される。国指定重要文化財である。

二の丸から見た本丸三重櫓（天守）（弘前市教育委員会蔵）
明治前期の撮影。下馬橋の守りとしての三重櫓の役目がよくわかる。

二の丸から見た本丸三重櫓（天守）（弘前市教育委員会蔵）
大正期の撮影。明治 36 年（1903）桜の木が植えられ、これ以降桜の名所となる。

本丸内から見た本丸三重櫓（天守）
（弘前市教育委員会蔵）
明治期の撮影。二の丸方面から見た三重櫓の東南二面には、一階と二階に張り出しを設け、それぞれ切妻造屋根で飾っているが、本丸側の二面はにはそれがない。

本丸内から見た本丸三重櫓（天守）（個人蔵）
大正期の撮影。城内に移築された頃の天守。

二の丸から見た本丸三重櫓（天守）（弘前市教育委員会蔵）
三明治前期の撮影。重櫓（天守）左奥に見えるのは、二の丸から馬出に架かる下馬橋と馬出の武者御門。三重櫓の右手には多聞櫓が取り付く。

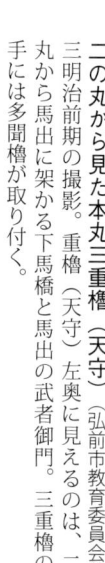

本丸三重櫓（天守）南東面（弘前市教育委員会蔵）
大正５年（1916）以降の撮影。明治 29 年（1896）、三重櫓（天守）の櫓台の一部が崩壊したため、大正５年頃まで本丸内に曳き屋されていた。櫓台は堀江佐吉らの尽力によって修理された。本丸内に一時移築された際、三重櫓に付随していた天守横の多聞櫓や土塀が撤去された。崩壊した石垣には丸太足場が掛けられ、石材を吊り下げるかぐらさんが設けられている。右手の石垣は布積された切込接。積み直した部分は落し積みとなっている。

七戸城《しちのへ》

築城年／不詳
慶応３年の城主／南部信民
慶応３年の石高／１万 1000 石
在廃城／廃城
所在地／青森県上北郡七戸町

根城（八戸）南部氏の流れをくむ七戸氏の居城だったが、天正 19 年（1591）九戸政実の乱に与したため、七戸氏は断絶、城は破却された。文政２年（1819）に至って、南部信鄰が盛岡藩の支藩として再興。現在は堀、土塁などの遺構をとどめている。

七戸城大手口跡（個人蔵）

盛岡城《もりおか》

築城年／慶長 14 年（1609）
慶応３年の城主／南部利剛
慶応３年の石高／ 20 万石
存廃城／存城
所在地／岩手県盛岡市内丸

慶長２年（1597）南部信直が着工してから３代、およそ 40 年を費やして、北上川、中津川の合流点に築かれた南部氏の拠点で、総石垣の威容を誇った。明治に入り、城郭は破却され軍用地となったが、盛岡産出の花崗岩の大石をふんだんに用いた宏壮な石垣は残り、当時の威容を今に遺す。

盛岡城跡（『盛岡四百年』所収）
明治期の撮影。三の丸の不明御門前から二の丸方面を見る。

盛岡城二の丸・本丸跡（個人蔵）
大正期の撮影。明治７年（1874）、盛岡城の天守（三重櫓）以下の主な建物の払い下げ入札が行われ、小道具屋善五郎が 2700 貫文で落札した。明治 39 年、城地は岩手公園として開園する。

盛岡城本丸を望む（個人蔵）
大正期の撮影。右手の石垣の上が本丸。解体される前の写真と比べると石垣状態が同じである。

盛岡城内丸の広小路御殿（清養院蔵）
明治初年の撮影。内丸は盛岡城の本丸・中丸・三の丸に続く北方、綱御門の外の曲輪で、おもに藩の上級家臣の屋敷があった。時代が下るにつれて、ここに藩主子息の屋敷・広小路御殿も営まれた。写真左の唐破風造の二つの屋根辺りは御殿表門の両脇にあった番所である。

盛岡城本丸（清養院蔵）
明治初期の撮影。明治７年（1874）に解体される直前の姿。写真右の手前に本丸の二重隅櫓。二階の壁を色壁とする櫓。その奥に最上層に火灯窓を配する三重櫓（天守）が見える。この二棟辺りは一部に加筆が見られる。左手には本丸御殿の一部が見られる。一段下の部分の建物は解体中と思われる。また、木立の間に見える、切込接に積まれた石垣下には川沿いにあった高麗門が見える。

盛岡城跡（『盛岡四百年』所収）
明治期の撮影。左から二の丸・榊山曲輪・吹上御門・本丸跡。

盛岡城遠景（個人蔵）
昭和初期の撮影。本丸・二の丸を囲む高石石垣を望む。

大手門と脇櫓（『旧仙台城大手門復原考』所収）（個人蔵）
大正期の撮影。桃山様式を伝える仙台城の大手門は、江戸時代の偉容を偲ばせる貴重な門として昭和６年（1931）に国宝に指定されていたが、昭和20年７月、脇櫓とともに惜しくも戦災によって焼失した。間口約19.5メートル、高さ約12メートル、奥行き約6.7メートルの櫓門である。

仙台城《せんだい》

築城年／慶長７年（1602）
慶応３年の城主／伊達慶邦
慶応３年の石高／62万5600石
存廃城／存城
所在地／宮城県仙台市青葉区川内

伊達政宗が慶長５年（1600）に着工、２年後に完成した。広瀬川に接した台地青葉山に立地した、天然の要害の利をいかした城で、伊達氏代々の居城となった。維新後、破却は免れたが、本丸御殿などは破壊され、域内は軍用地に。残った建築群も戦災によって焼失。戦後は「青葉城公園」となる。

大橋と大手門（文化財建造物保存技術協会蔵）
明治８年（1875）の撮影。仙台城と城下を結ぶ大橋付近の様子。左奥に大手門が見える。大橋は明治８年７月２日の洪水で流失したため、写真では大橋の両端部のみが残り、ほとんど原形をとどめていない。橋の袂には幕末の絵図にも見られない関門が見られる。貴重な写真の一枚である。

大橋と作事方屋敷（小沢健志氏蔵）
明治初期の撮影。大橋の奥に白い長屋が見える。この長屋は広瀬川と町の間にあった作事方と呼ばれる藩用地であった。江戸時代の絵図にも白壁造の屋根が描かれている。

大手門と二の丸遠望（仙台市博物館蔵）
明治初期の撮影。明治９年（1876）の明治天皇行幸の際に撮影されたという説もある。写真中央は広瀬川に架かる大橋。その遠方には小さく大手門と脇櫓が見える。その奥に二の丸。大橋の手前左下の建物は肴蔵。

大手門から大橋周辺を見る（国際日本文化研究センター蔵）
明治９年（1876）以降の撮影。大手門の前より大橋、仙台城下の遠望。中央に大橋が見られる。写真右手の建物は下馬厩。左手の唐破風造の番所が取り付いた長屋は登米伊達家の屋敷門脇である。さらに大橋との間には入母屋造の屋根を持った２棟の番所が見られる。これは水沢（留守）伊達家の屋敷門である。

大手門と脇櫓（個人蔵）
明治初期の撮影。この櫓門は外観の多くを漆喰で塗り込める新式の門形式と違い、二階部分の柱や長押、軒裏を塗り込めないなど、豊臣秀吉が築造した肥前名護屋城の大手門を移築したものと伝えられるほど、建物の造りや門構えが古式といわれる。

大手門と脇櫓背面（『旧仙台城大手門復原考』所収）
昭和初期の撮影。城内側から見みた大手門と脇櫓。脇櫓は隅を二重櫓とし二方に渡櫓を接続させた形式となっていた。

大手門正面（個人蔵）
昭和初期の撮影。師団司令部使用当時の門と門番。大手門は昭和20年（1945）の戦災により焼失している。

大手門裏面（『旧仙台城大手門復原考』所収）
昭和初期の撮影。大手門正面と違い背面の櫓門上には六つの火灯窓が設けられ、華麗で威厳を示す正面側とは趣を異にし優雅な雰囲気の意匠となっていた。

大扉を閉じた大手門　（『旧仙台城大手門復原考』所収）
昭和初期の撮影。大手門の規模はもちろん意匠の華麗さは桃山式建築の特徴を示す。

大手門正面（『旧仙台城大手門復原考』所収）
昭和初期の撮影。門柱やその上を通る冠木には入八双や菊花紋、桐花紋が多用され、後世の城門を堅固にするための金具ではなく、城門の格式を高める装飾性の高い金具である。

肴蔵付近から仙台城を望む（仙台市博物館蔵）
明治９年（1876）頃の撮影と考えられる。大手門の右奥に二の丸の建造物の屋根が見える。橋のたもとの道の両側には漆喰壁の長屋が見られる。橋の向こうの大手道左脇には水沢（留守）伊達家長屋門が確認できる。

大橋のたもとから仙台城を望む（仙台市博物館蔵）
明治９年（1876）頃の撮影と考えられる。大手門の右奥に二の丸の建造物の屋根が見える。二の丸の建造物は明治15年に火災によりそのほとんどが焼失した。

久保田《くぼた》城

築城年／慶長８年（1603）
慶応３年の城主／佐竹義尭
慶応３年の石高／20万5800石
存廃城／存城
所在地／秋田県秋田市千秋公園

関ヶ原の戦いで旗幟を明らかにしなかった常陸の佐竹義宣が戦後出羽秋田に転封されると、この地に築城を開始。天守は設けず、石垣も用いず、土塁と堀で囲んだ構えをとった。維新後破却は免れたが、その後の失火により建物の大半を失う。現在は「千秋公園」となり、御隅櫓などが復元されている。

南西から望んだ久保田城本丸
（秋田市立佐竹史料館蔵）
明治初年の撮影。三の丸城外から本丸を望む。手前の橋は三の丸穴門橋。その右上に本丸の御出書院が見える。天守を持たなかった本丸にあって中心的な建物で、入母屋造の屋根には唐破風造の物見窓が見え、軒下には庇を設けている。城下を見下ろす御殿の一部として使用されていた。写真左端にかすかに見えるのが本丸の御隅櫓（新兵具御隅櫓）。城内の建物の多くは明治13年（1880）の火災により焼失。

佐竹別邸（個人蔵）
久保田城より約一キロメートルに位置し、通称「如斯亭（じょしてい）」。迎賓館のような役割に使用された。

二の丸公園の桜（個人蔵）
昭和期の撮影。

横手城《よこて》

築城年／天文 23 年（1554）頃
慶応３年の城主／城代戸村氏
慶応３年の石高／不明
在廃城／廃城
所在地／秋田県横手市城山町

出羽仙北の戦国大名小野寺氏の拠城として、室町中期に築城されたと伝わる。小野寺氏は関ヶ原の戦いでは上杉方に与して、戦後改易され、滅亡。城は最上氏に渡るが、ほどなく佐竹氏支配下の支城となり、後には、戸村氏の居城となって明治維新を迎える。

山形城《やまがた》

築城年／文禄年間（1592～6）
慶応３年の城主／水野忠弘
慶応３年の石高／５万石
存廃城／存城
所在地／山形県山形市霞城町

最上氏代々の居城で、文禄年間（1592～6）奥羽の梟雄最上義光が大改造を進め、大城塞となった。元和８年（1622）「最上騒動」が起こり最上氏は断絶。以後、城主は入れ替わり、城も荒廃。明治を迎えて存城とはなったが、建物はすべて破壊された。近年、大手門や石垣などの復元が進んでいる。

二の丸南大手門跡（個人蔵）
大正期の撮影。東大手門と違い土橋となっている。ここにあった建造物は明治になって市内の萬松寺に移築したと伝えられる。

山形城二の丸東大手門（山形市教育委員会蔵）
明治初期の撮影。東大手門は、写真中央手前の高麗門（外門）と左端に見える櫓門（内門）から桝形を形成している。東大手門の櫓門は通常の櫓門とは異なり、門の両脇の櫓台上の平櫓に挟まれ、少し低く建てられている。類例には宇和島城本丸御門があるが、珍しい形式である。東大手門桝形は平成３年（1991）に復元された（その際の櫓門は一般の形式で復元された）。

二の丸東大手門跡（個人蔵）
大正期の撮影。明治８年（1875）城内の櫓などの建造物は払い下げられ、取り壊され山形連隊の兵営が設けられた。

新庄城(沼田城)堀端(個人蔵)
明治期の撮影。戊辰戦争で城内の大部分が焼失したため、土塁と堀以外当時のものが残っていない。写真の本丸に見えるのは戸澤神社の社殿。

新庄城《しんじょう》

築城年/寛永2年(1625)
慶応3年の城主/戸沢正実
慶応3年の石高/6万8200石
存廃城/廃城
所在地/山形県新庄市堀端町

元和8年(1622)鳥居忠政山形城入封と同時に娘婿戸沢政盛もこの地に入り、寛永元年(1624)築城を開始。縄張は忠政によるもの。三重天守が築かれたが焼失、再建天守も失われた。本丸に3基の二重櫓があげられ、二の丸、三の丸には櫓門を配した。遺構は内堀と土塁、隅櫓跡、水堀など。

松山(松嶺)城大手門(個人蔵)
明治後期の撮影。寛政4年(1792)に再建された大手門。

出羽 松山《まつやま》城

築城年/天明7年(1787)
慶応3年の城主/酒井忠良
慶応3年の石高/2万5000石
存廃城/廃城
所在地/山形県酒田市松山町

松山藩は庄内藩の支藩で、庄内藩主酒井忠勝の没後、正保4年(1647)に三男忠恒が分封されて立藩し、中山の地に陣屋を築いた。三代忠休の代には築城が許され、天明元年(1781)着工したが、藩財政が逼迫したため、二の丸、三の丸の造営のみに終わった。寛永期に再建された三の丸大手門、堀と土塁の一部が残る。

米沢城本丸北東の御三階櫓(米沢市立米沢図書館蔵)
明治5年(1872)の撮影。写真中央の櫓は、本丸に天守の代用として建てられていた2棟の三階櫓の一つ。櫓の屋根は柿葺き、一階と二階に切妻造の出窓、三階には出格子窓を設けていた。明治7年城内のほかの建物とともに取り壊された。左に本丸御殿の屋根が見えている。

米沢《よねざわ》城

築城年/慶長13年(1608)
慶応3年の城主/上杉斉弘
慶応3年の石高/18万石
存廃城/廃城
所在地/山形県米沢市丸の内

関ヶ原の戦後、上杉景勝の居城となった。石垣も天守もなく、土塁と堀で区切った本丸の周囲を二の丸、三の丸が囲んでいた。移封後の上杉氏は代々城下の整備を進め、殖産を奨励していく。明治に入って廃城となり、土塁と堀を残して建物は破却。現在、本丸の大部分が上杉神社となっている。

鶴《つる》ケ《が》岡《おか》城

築城年／貞享元年（1684）
慶応３年の城主／酒井忠篤
慶応３年の石高／17 万石余
存廃城／廃城
所在地／山形県鶴岡市馬場町

慶長５年（1600）関ヶ原の戦い後、最上氏の本拠となった。その後最上氏は改易。酒井氏が入り、以降、代々の酒井氏は城郭を整備。一部のみ石垣を用いた土塁造で、本丸、二の丸、三の丸、七ツ蔵、四つの曲輪を堀で囲む構成とした。明治を迎えると破却され、現在は堀、土塁、庭園の一部が残る。

二の丸辰巳櫓（鶴岡市立図書館蔵）
明治初期の撮影。辰巳櫓（写真左端）は二の丸南東に建つ二重櫓で、唐破風をつけていた。櫓台は石垣とし、土塁上は塀には石垣はみられない。櫓の取り合い部は一部石垣で積み塀に接続している。

鶴ケ岡城二の丸大手門（鶴岡市立図書館蔵）
明治元年（1868）の撮影。写真右手前に見える門は、桝形門に架かる橋の手前に設けられ角馬出の高麗門（二の門）。堀を隔てた橋によって櫓門（一の門）と結ばれていた。屋根は植物性葺材である。

鶴ケ岡城本丸を南東から望む（鶴岡市立図書館蔵）
明治初期の撮影。写真右の櫓門は本丸大手門の一の門（中の門）。その後方に本丸御殿の広間の屋根が見える。左手前は巳午之方渡櫓。鶴ケ岡城の城内の建物は明治8年（1875）に取り壊された。櫓門は瓦葺とし、左左手前の櫓は瓦葺を取り除いた状態を示している。

白河《しらかわ》城

築城年／寛永９年（1632）
慶応３年の城主／なし
慶応３年の石高／幕府直轄
存廃城／廃城後一時存城となる
所在地／福島県白河市字郭内

寛永４年（1627）丹羽長重が入封。それまでの結城氏の館を大改修、本丸、二の丸は総石垣、三の丸は一面のみ石垣の体裁だが、近世城郭の結構を整えた。戊辰戦争時には、新政府軍対会津軍の激戦の舞台となって、御三階櫓ほかの建築物を焼失。現在、御三階櫓、櫓門などが復元されている。

白河城本丸・二の丸（個人蔵）
明治中期の撮影。写真は建物がすべて取り壊された白河城を南西から見る。、最上段が本丸の石垣、その下二段目が帯曲輪。右下段は二の丸の石垣である。写真に見える右下段の二の丸の石垣は、その後破却されて現存しない。

白河城清水門跡（個人蔵）
明治期の撮影。二の丸から本丸へ続く土橋を渡ると本丸。

白河城石垣（個人蔵）
明治中期の撮影。石垣より見物する３人の人物と休憩所のような建物が写されている。

南西から見た白河城本丸（白河市教育委員会蔵）
明治期の撮影。上段が本丸、二段目が帯曲輪の高石垣。

白河城清水門付近高石垣（個人蔵）
明治期の撮影。

会津若松城天守西面（会津若松市教育委員会蔵）
明治７年（1874）頃の撮影。天守一階は、土塀の屋根を延長したように腰屋根が通り、その下方には鉄砲狭間が並んでいた。

会津若松城《あいづわかまつ》

築城年／文禄２年（1593）
慶応３年の城主／松平容保
慶応３年の石高／23万石
存廃城／存城
所在地／福島県会津若松市追手町

文禄２年（1593）蒲生氏郷は七重の天守をもつ大城郭を造営、近世城郭の形をととのえた。寛永４年（1627）入封した加藤氏は大改修を行い、この時造られた五重の天守は後の戊辰戦争での被弾にもよく耐えたが、維新後城は破却。昭和40年（1965）天守が外観復元されている。

会津若松城天守東面（小沢健志氏蔵）
明治７年（1874）頃の撮影。五重五階の層塔型天守で、最上階に高欄を巡らす形式は定型。東面は一階と三階に突出部を設け、飾り破風のない単調さを補っていた。戊辰戦争で被弾し、東面は特に破損が著しかった。

会津若松城天守東面
（徳川林政史研究所蔵）
明治７年（1874）頃の撮影。左頁上の写真と同アングルとおもわれるが、写真の左右の範囲が異なる。

会津若松城天守東面（A. ベルタレッツリ市立版画コレクション・会津若松市）イタリアのミラノ市で発見された写真。写真は横浜で生糸輸出商を営んでいたイタリア人カルロ・ジュサー二がイタリア人写真家アドルホ・ファルサーリから譲り受けたものである。カルロ・ジュサー二は明治元年（1868）に来日して約30年間横浜に住んでいた人物である。

会津若松城天守西北面（右写真）と東南面（左写真）（国立公文書館蔵）明治６年（１８７３）12月の撮影。太鼓門付近から見た天守（右）。本丸御殿側からの撮影（左）。

本丸内から見た天守と走長屋
（A. ベルタレッリ市立版画コレクション・会津若松市）
明治初期の撮影。会津若松城天守は天守建物よりひと回り大きい天守台上に建ち、台の東・南・西の三方を塀で囲んでいた。建物の壁に明治元年（1868）の戊辰戦争の砲弾の跡が残る。天守台と鉄御門を結ぶ白壁の建物は走長屋（多聞櫓）。右端は本丸御殿の一部。

本丸内から見た天守と鉄御門
（会津若松市教育委員会蔵）
明治初期の撮影。上の写真を退いて広く写している。

本丸御殿と天守（国立公文書館蔵）
明治初期の撮影。手前右の建物は本丸御殿小書院。左の建物は大書院。屋根の後方に天守東面と南面が見える。天守や御殿の建物は明治７年（1874）11月に取り壊された。

北出丸の北西隅櫓（国立公文書館蔵）
明治7年（1874）頃の撮影。隅櫓の両脇にあった土塀はすでに取り壊されている。隅櫓の一重目にある出窓のような張り出しは石落としである。

西出丸の南西隅櫓と帯曲輪の櫓（A.ベルタレッリ市立版画コレクション・会津若松市）
明治7年（1874）頃の撮影。左が南西隅櫓。右奥に見えるのは本丸近くの帯郭にある塩蔵之内櫓（二重櫓）。

西出丸の北西隅櫓（会津若松市教育委員会）
明治7年（1874）頃の撮影。中央に見える櫓が北西隅櫓。

天守台石垣（個人蔵）
明治期の撮影。天守台の本丸御殿跡には礎石が残っている。

天守台石垣と走長屋石垣（個人蔵）
明治期の撮影。明治7年（1874）天守以下の建物が払い下げ取り壊される。

二本松城洗心亭（個人蔵）大正期の撮影。再移築された頃。

二本松《にほんまつ》城

築城年／寛永年間（1624 ～ 44）
慶応３年の城主／丹羽長国
慶応３年の石高／ 10 万 700 石
存廃城／廃城
所在地／福島県二本松市郭内

城の起源は戦国期、畠山氏が築いた山城に遡る。江戸期に入ると、相次いで入封した蒲生氏、加藤氏、丹羽氏によって近世城郭としての改修が行われた。戊辰戦争では会津への玄関口という立地のため、新政府軍との間で激戦が交わされ、炎上して一日余りで落城。二本松少年隊の悲劇も生んだ。

二本松城石垣（個人蔵）大正期の撮影。城郭内には明治に入って、製糸工場が造られた。石垣上の建物はその時の工場であ。

猪苗代城石垣（個人蔵） 大正期の撮影。猪苗代城の入り口。野面積みの石垣が残っている。

猪苗代《いなわしろ》城

築城年／建久２年（1191）
慶応３年の城主／城代　高橋権大夫
慶応３年の石高／不詳
存廃城／廃城
所在地／福島県耶麻郡猪苗代町

蘆名一族に連なる猪苗代氏の居城。天正 17 年（1589）摺上原の戦いで伊達政宗に与して蘆名氏を滅亡に追い込んだとの廉で、この城に拠る猪苗代氏当主盛国が、豊臣秀吉の奥州仕置を受けて、この地を追われる。以後、蒲生氏、加藤氏、次いで会津松平氏の領有となるが、戊辰戦争で焼失。

相馬城の土塁（個人蔵）大正期の撮影。

相馬城《そうま》

築城年／慶長16年（1611）近世城郭へ改修
慶応3年の城主／相馬誠胤
慶応3年の石高／6万石
存廃城／廃城
所在地／福島県相馬市中村

戦国期から中村の地を領し、連綿と続いた相馬氏の本城。慶長16年（1611）相馬利胤の代に小高城からこの地に移り、滅亡した中村氏の残した城館跡に新たに築城、相馬中村城が成った。三重の天守をもった城とされるが、約60年後に焼失。城跡には高麗門のほか、石垣、土塁などが残る。

相馬城袋橋（個人蔵）大正期の撮影。

棚倉城《たなくら》

築城年／寛永2年（1625）
慶応3年の城主／阿部正静
慶応3年の石高／10万石
存廃城／廃城
所在地／福島県東白川郡棚倉町

元和8年（1622）入封した丹羽長重は、前代立花氏の城の手狭なことから、新城建設を願い出て寛永元年（1624）着工。縄張は棚倉台地を利用した輪郭式で、石垣はほとんど築かれず、土塁造りの城郭とした。天守はなく、4基の二重櫓が長屋櫓で結ばれていた。本丸の壮大な土塁が今も残る。

棚倉城土塁（個人蔵）大正期の撮影。

水《み》戸《と》城

築城年／天正 18 年（1590）
慶応３年の城主／徳川慶篤
慶応３年の石高／ 35 万石
存廃城／存城
所在地／茨城県水戸市三の丸

水戸城は御三家の城だが、石垣も天守もなく、土塁と深い空堀を巡らせた簡素な構えの城郭だった。明和３年（1766）天守代用の御三階櫓が築かれたが、明治初年には藩内争乱によって建物のほとんどを焼失。残った御三階櫓も戦災で焼け落ちた。遺構として土塁、空堀、桝形虎口などが残る。

昭和初期の二の丸三階櫓（個人蔵）
天守を建てなかった水戸城では二の丸に城を代表する天守に代わる三階櫓を建設していた。明和３年 (1766) の再建。

二の丸三重櫓遠望（『大日本全国名所一覧』平凡社提供）
三重櫓の手前の建物は二の丸土塁上（二の丸南面）の長大な多聞櫓。三重櫓と違い櫓の下部を下見板張とする。

二の丸三階櫓西面（個人蔵）
櫓の外観は三重であるが内部は五階。一重目が三階櫓となっている。

二の丸大手門
（『大日本全国名所一覧』平凡社提供）
水戸城には本丸を挟んだ東西の二の丸に櫓門があったが、確認されているのはこの二の丸大手門のみである。建物を全て漆喰で塗り込めないことや内側に桝形が設けられるなど古式であった。

昭和初期の二の丸三階櫓（個人蔵）
三階櫓は外観を三重とするが、内部は呼称と違い五階建てになっていた。外観一重目の階高が高くなっていてここに一階から三階が納まっていた。

本丸月見櫓と柵町坂門（水戸市立博物館蔵）
二の丸下の柵町坂門から本丸月見櫓を見る。

本丸月見櫓と柵町坂門（文化財建造物保存技術協会蔵）
右方が本丸の月見櫓。左方は二の丸。その間に見える門は二の丸に通じる柵町坂門。

南から望んだ本丸（右）と二の丸（左）（水戸市立博物館蔵）
明治５年（1872）以前の撮影。右方に見える櫓は本丸隅部にある月見櫓。左方には多聞櫓が延び、その奥に三階櫓が見える。間には高麗門形式の柵町坂門が見える。

古河城《こが》

築城年／鎌倉時代初期
慶応３年の城主／土井利与
慶応３年の石高／16万石
存廃城／廃城
所在地／茨城県古河市中央町

将軍の日光参詣途中の重要拠点でもあったせいか、古河城主は土井氏、堀田氏、松平氏など幕府の重臣が歴任した。維新後、新政府によって徹底的に破壊され、加えて、明治中期からの渡良瀬川遊水池計画で大部分が水没した。遺構として諏訪曲輪、三の丸大手口の土塁などがわずかに残る。

御涼櫓（古河歴史博物館蔵）
明治３年（1870）撮影。御涼櫓は本丸東帯曲輪の南東隅に建っていた櫓。手前の堀は百間堀と呼ばれた沼地である。

本丸御三階櫓（古河歴史博物館蔵）
明治３年（1870）撮影。御三階櫓は天守に相当した櫓。

御成門（古河歴史博物館蔵）
明治３年（1870）撮影。古河城は将軍の日光参拝の際の宿舎とされた城で、そのために御成門と二の丸御殿が営まれた。

本丸御三階櫓（中央）と菱櫓（左）（古河歴史博物館蔵）
明治３年（1870）撮影。御三階櫓は外観三重、内部四階、一重目は建ちが高く内部は一階・二階部分になっていた。櫓の外周を土塀が巡る。右端の門は二の丸の櫓門。左方に本丸菱櫓。

土浦城《つちうら》

築城年／永享年間（1429 ～ 41）
慶応３年の城主／土屋寅直
慶応３年の石高／９万 5000 石
存廃城／廃城
所在地／茨城県土浦市中央

近世城郭としての形を整えるのは、徳川家康次男秀康が結城に入り、その支城となってからのこと。霞ケ浦、桜川を利用して堀を五重に巡らした縄張は水城の典型。以後、代々の城主によって改修が続けられ、大城郭となった。本丸太鼓櫓、霞門が現存。前川門、本丸東西の二重櫓が復元されている。

本丸西櫓（土浦市立博物館蔵）
本丸西端に建っていた西櫓。昭和 24 年（1949）の台風により大破、取り壊しとなった。平成３年（1991）に復元された。

本丸土塁（個人蔵）
土塁の奥に見えるのは本丸太鼓門。

本丸東櫓（土浦市立博物館蔵）
明治 17 年（1884）の火災で焼失する。

本丸太鼓門（平凡社蔵）
明治10年（１８７７）以前の撮影。写真の左側には現存する太鼓門があり、更にその左手に本丸を囲んでいた土塀の一部が確認できる。右側の松の向こうには井戸屋形があり、その後方に東櫓の入母屋を確認できる。

宇都宮城《うつのみや》

築城年／康平６年（1063）
慶応３年の城主／戸田忠友
慶応３年の石高／７万 7000 石
存廃城／廃城
所在地／栃木県宇都宮市本丸町

日光道中、奥州街道の要衝にあり、譜代大名が歴代の城主に任ぜられた。戊辰戦争では新政府側につき、旧幕軍との間に激戦が交わされ、主要な建物は焼失した。わずかな堀の痕跡のほかに遺構はなかったが、近年、本丸区画が整備され、水堀、土塁、土塀の一部、清明台櫓、富士見櫓が復元された。

外堀と水堀（石井敏夫氏蔵）
昭和５年 (1930) 頃の撮影。明治５年（1872）残存する二の丸、三の丸の櫓や門などが払い下げられ、移築やまたは取り壊された。

城跡から宇都宮市内を望む（個人蔵）
昭和５年 (1930) 頃の撮影。

宇都宮城跡（石井敏夫氏蔵）
昭和５年 (1930) 頃の撮影。明治５年（1872）残存する二の丸、三の丸の櫓や門などが払い下げられた。

本丸（石井敏夫氏蔵）昭和 30 年 (1955) 頃の撮影。右は明治 33 年（1900）に建立された顕彰碑。土塁上の祠は稲荷社。

前橋城《まえばし》

築城年／延徳年間（1489 ～ 92）
慶応３年の城主／松平直克
慶応３年の石高／ 17 万石
存廃城／廃城
所在地／群馬県前橋市大手町

慶長６年（1601）酒井重忠によって、整備拡張が始まったが、利根川の洪水による被害は大きく、次代の松平氏では本拠が川越に移された。松平直克が再びこの地に移り、再築を始めたのは約 100 年後の文久３年（1863）。要所に大砲堡塁を設けるなど、西洋風の設計を取り入れたものだった。

本丸御殿（県庁舎）（個人蔵）
群馬県庁舎として使用されていた頃の本丸御殿。昭和３年（1928）に解体された。

本丸御殿（県庁舎）（宮内庁書陵部蔵）
文久３年 (1863) 松平直克は幕府の許可を得て城の改修に着手し、旧本丸を廃して旧三の丸を本丸とした。

本丸御殿（県庁舎）（個人蔵）
写真の御殿は昭和３年（1928）の県庁庁舎新築の際に取り壊された。大棟に載る太鼓櫓は幕末期の物見楼として各地の建物に見られる形式。前橋城は城内に門以外の櫓や土塀は築かれず、旧来の日本城郭に西洋の稜堡様式を各所に取り入れた和洋混合の城郭であった。

昭和前期の高崎城三の丸（高崎市教育委員会蔵）
昭和20年（1945）まで城内は兵営として使用された。

高崎城《たかさき》

築城年／慶長3年（1598）
慶応3年の城主／松平輝聲
慶応3年の石高／8万2000石
存廃城／在城
所在地／群馬県高崎市高松町

慶長3年（1598）井伊直政が居城箕輪城を廃して築城。以後、酒井氏、安藤氏、松平氏ら譜代大名が封ぜられている。本丸には御三階櫓があげられ、隅櫓も4基を数えた。維新後、城址は軍用地に。戦後は公共施設の区域となった。三の丸の乾櫓は、払い下げられたものを戦後再び移築したもの。

本丸御三階櫓（渋川市・深井正昭氏蔵）
本丸内にはすでに兵舎が建てられている。兵舎の奥に御三階櫓の東面が見える。明治10年（1877）に天守代用の三重櫓以外の建物が払い下げられ、本丸・二の丸の地に兵営が新築されたことから、この頃の撮影と思われる。

沼田城跡と池（個人蔵）
元禄2年（1689）幕府の命令により天守以下の建物が破却された。

沼田城《ぬまた》

築城年／享禄2年〜天文元年（1529〜32）
慶応3年の城主／土岐頼知
慶応3年の石高／3万5000石
存廃城／廃城
所在地／群馬県沼田市西倉内町

天正18年（1590）小田原の陣後、真田昌幸の子、信之の領有となった。関ヶ原の戦いののち、信之は上田領に復帰、沼田城は嫡男信吉に譲り、以後この系統が沼田を領するが、天和元年（1681）沼田5代目信利の代に改易となる。現在、公園内に石垣、土塁、堀の一部が遺構として残る。

公会所として利用されていた当時の本丸御殿（個人蔵）
本丸御殿は入間郡公会所、専売局や川越青年学校などに使用された。

本丸御殿広間・玄関（個人蔵）
川越城本丸御殿は、嘉永元年（1848）に造営された。明治３年（1870）、川越城の建物は払い下げ取り壊しとなるが、本丸御殿のみは破却をまぬがれた。写真では付属する書院の取り壊しの時左端屋根が切妻造となった（現状では入母屋造）。

川越《かわごえ》城

築城年／長禄元年（1457）
慶応３年の城主／松平康英
慶応３年の石高／８万 400 石
存廃城／廃城
所在地／埼玉県川越市郭町

家康関東入部後、江戸防衛の重要拠点となった城。そのため、譜代の重臣たちが歴代城主に任じられるが、寛永 16 年（1639）城主となった松平信綱は、城郭の範囲を大幅に拡張して御三階櫓ほかの建物を築き、近世城郭へと改造を加えた。現在、本丸御殿、富士見櫓台跡、土塁、空堀などが残る。

本丸遠望（行田市郷土博物館蔵）
戦前撮影。水堀とともに土塁はよく形態をとどめていた。

忍《おし》城

築城年／延徳３年（1491）
慶応３年の城主／松平忠誠
慶応３年の石高／ 10 万石
存廃城／廃城
所在地／埼玉県行田市本丸

天正 18 年（1590）小田原の陣の前哨戦で、石田三成が、後北条方に属した成田氏の城を包囲。水攻めを企てたが、堤が決壊して苦戦。「忍の浮城」と呼ばれ、湿地に築かれた城のため攻略は難しく、小田原本城開城まで持ちこたえた。明治期に全て破却、昭和後年、三重櫓等が模擬復興されている。

佐倉城《さくら》

築城年／元和３年（1617）
慶応３年の城主／堀田正倫
慶応３年の石高／ 11 万石
存廃城／在城
所在地／千葉県佐倉市城内町

慶長 16 年（1611）徳川家康の命により、重臣土井利勝が、未完成に終わっていた鹿島城に造営を加え、江戸東方防衛の拠点とした。石を使わず、土塁と空堀を巡らした構造の城だったが、巨大な天守が築かれ、宏壮な５つの櫓門も配置されていた。天守台跡、角馬出、堀、土塁などの遺構が残る。

三の丸（菅谷義範氏蔵）
明治５年（1872）頃の撮影。写真手前には侍屋敷の門と塀が見える。写真右奥の三ノ門は三の丸南西に開いていた櫓門である。写真は三の丸内から撮影したもので、櫓門の背面は土壁に下見板張である。

解体中の本丸銅櫓（菅谷義範氏蔵）
明治４年（1871）大手門以下の建物が取り壊された。写真は取り壊し中の状況を撮影したものと思われる。銅櫓は江戸城の三層櫓を移築、改造したものと伝えられ、銅葺き、宝形造の二重櫓にされていた。

二ノ門（菅谷義範氏蔵）
明治５年（１８７２）頃の撮影。二の丸の入り口にあった門。櫓門の上は武器庫として使用された。

本丸一ノ門（菅谷義範氏蔵）
明治５年（1872）頃の撮影。本丸大手にあたる門で、大手門とほぼ同規模・同形式であった。

本丸椎木門（菅谷義範氏蔵）
明治５年（1872）頃の撮影。三の丸北にある門で外に馬出が構えられていた。

大手門（菅谷義範氏蔵）
明治３年（1870）頃の撮影。大手門は三の丸の東に構えられていた門で、佐倉城内郭への入り口の門であった。佐倉城では本丸から二の丸および三の丸の要所に、堅固な櫓門が５棟設けられていた。いずれもほぼ同じ形式で、二重二階、袖石垣はなく一階部分の腰屋根を門の周囲に巡らしていた。

江戸城《えど》

築城年／長禄元年（1457）
慶応３年の城主／徳川慶喜
慶応３年の石高／幕府直轄
存廃城／存城
所在地／東京都千代田区千代田

室町期に太田道灌が築いた城を後北条氏が支配。さらに天正 18 年（1590）徳川家康が入部し、城下を含め、大規模な造営工事に着手。慶長 11 年（1606）からの大修築では、五重天守を築き、以後２度改築・造営。寛永期の天守は日本城郭史上最大のものだったが、明暦の大火で焼失、再建はなかった。

西の丸坂下門と蓮池巽三重櫓（東京国立博物館蔵）
明治４年（1871）横山松三郎の撮影。右手前は西の丸坂下門。内側から見ている。その左奥に見えるのが蓮池巽三重櫓。櫓の左石垣上にあるのは長大な箪笥多聞櫓。

本丸北桔橋門（東京国立博物館蔵）
明治４年（1871）横山松三郎の撮影。北桔橋門枡形の内側。斜めに架けた２本の木樋で水を汲み上げていた。

本丸上梅林門（東京国立博物館蔵）
明治4年（1871）横山松三郎の撮影。右手前に二の丸の番所。その左奥に二の丸喰違い門、後方に本丸上梅林門（櫓門）。櫓門の規模は17間×4間。左の高石垣上に汐見太鼓櫓（焼失）があった。

本丸中之門（東京国立博物館蔵）
明治4年（1871）頃の撮影。本丸入り口にあった櫓門（二之門）。櫓門の規模は13間×4間。中之門屋根と左の多聞櫓の間にわずかに見えるのが本丸の表門・書院門（中雀門）桝形の一角にある書院出櫓。

本丸表御殿跡（社団法人霞会館蔵）
明治4年（1871）横山松三郎の撮影。文久3年（1863）に焼失、その後再建されなかった。右の櫓は数寄屋二重櫓。櫓の後方の木立は西の丸紅葉山。数寄屋二重櫓の左方に富士見宝蔵入り口の埋門が見える。写真左方は本丸の表門・書院門（中雀門）枡形跡。すでに書院門はない。建物群は左から書院出櫓、蓮池巽三重櫓（遠くに見える）書院二重櫓、その手前に多聞櫓の一部、書院二重櫓の右奥に本丸富士見櫓の屋根がのぞく。

本丸富士見三重櫓（小沢健志氏蔵）
明治初期の撮影。西の丸裏門付近から見た富士見三重櫓。櫓の規模は6間×7間。その右下は二の丸寺沢二重櫓。右手前は二の丸蓮池門。

本丸書院門（中雀門）跡周辺（小沢健志氏蔵）
明治４年（1871）横山松三郎の撮影。写真右から書院二重櫓、続多聞櫓の一部、書院出櫓。書院二重櫓の右方に西の丸に通じる上埋門がある。

本丸乾二重櫓（右）と本丸北桔橋（小沢健志氏蔵）
明治初期の撮影。本丸の天守台近くの北詰めにある門。

下乗橋番所付近から見た二の丸巽奥三重櫓（左）と東多聞櫓・東三重櫓（東京国立博物館蔵）
明治初期の撮影。巽奥三重櫓の規模は７間×６間。大手門を通り、二の丸大手三之門・下乗橋に向かう途中、右方向に見える景観である。二の丸蓮池三重櫓から巽奥三重櫓、東三重櫓まで江戸城の東面はこのような高石垣で構えられていた。

二の丸大手三之門と下乗橋（小沢健志氏蔵）明治初期の撮影。二の丸の表門。櫓門の規模は 24 間× 5 間。御三家以外の大名諸侯はここで乗り物を降りて徒歩で登城した。

大手門（小沢健志氏蔵）
明治初期の撮影。江戸城の正門。正面に高麗門、右に櫓門を配して枡形を構える。櫓門の規模は 22 間× 4.2 間。

三の丸桔梗門（内桜田門）と桜田二重櫓（小沢健志氏蔵）明治初期の撮影。二重櫓の規模は 6 間× 7.5 間。

坂下門前付近から見た二の丸蓮池丸巽三重櫓
（日本大学芸術学部蔵）
明治初期・ベアト撮影。左より蓮池巽三重櫓、玉薬多聞、右に張り出して御弓多聞、寺沢二重櫓、下乗門桝形の多聞、さらに張り出して巽奥三重櫓（遠方の三重櫓）と続く。蓮池巽三重櫓の規模は7間×6間。明治3年（1870）の火災で惜しくも焼失した。

三の丸桜田二重櫓（個人蔵）
明治期の撮影。桜田二重櫓の左方に桔梗門（内桜田門）の白壁が見える。その左後方に見えるのは本丸富士見三重櫓。

二の丸蓮池門と蓮池巽三重櫓（小沢健志氏蔵）
明治初期の撮影。蓮池門は城内に入り難くするため180度廻りこんで正面としている。明治43年（1910）に名古屋城正門として移築されるが戦災により焼失。

三の丸桜田二重櫓（ベルタレッリ市立版画コレクション・会津若松市）明治初期の撮影。

坂下門（左）と蓮池巽三重櫓（右）
（松戸市戸定歴史館蔵）
明治初期・内田九一撮影。蓮池巽三重櫓に長大な箪笥多聞櫓が連なる。その奥に蓮池二重櫓。写真左方の坂下門は高麗門と櫓門からなる枡形門で、西の丸裏門や紅葉山下門に通じる門である。

本丸富士見櫓（小沢健志氏蔵）
明治期の撮影。西の丸下から見た富士見櫓。写真下の石垣は箪笥多聞櫓の石垣である。箪笥多聞櫓がすでに取り壊され、二の丸蓮池門の屋根が見える。富士見櫓の最上階の屋根にあるのは火の見櫓か。

蓮池巽三重櫓（小沢健志氏蔵）
明治初期の撮影。蓮池巽三重櫓を内側から見る。三重櫓の左は箪笥多聞櫓。その多聞櫓の遠方に見えるのは桔梗門（内桜田門）前の広場に設けられた供侍の待合所の建物。

坂下門と蓮池巽三重櫓（厚木市郷土資料館蔵）
明治初期の撮影。写真左に坂下門の櫓門と高麗門。園奥に蓮池二重櫓とそれに連なる箪笥多聞櫓と蓮池巽三重櫓。箪笥多聞櫓の後方に見えるのは本丸富士見三重櫓。

坂下門と蓮池巽二重櫓（小沢健志氏蔵）
明治５年（1872）頃の撮影。

坂下門と蓮池巽二重櫓・富士見櫓（小沢健志氏蔵）明治初期の撮影。

下乗橋から蓮池巽三重櫓方面を望む（社団法人霞会館蔵）
明治初期の撮影。写真右から百人二重櫓、寺沢二重櫓、弓矢多聞、玉薬多聞、蓮池巽三重櫓。左に見えるのは桔梗門（内桜田門）桝形である。

北の丸竹橋（東京都立中央図書館特別文庫室蔵）
明治初期の撮影。橋の正面に高麗門、右に櫓門を配置した竹橋門枡形。明治 33 年（1900）竹橋門は撤去された。櫓門の規模は 19 間× 4 間。

北の丸田安門（現存）（松戸市戸定歴史館蔵）
明治初期・内田九一撮影。北の丸の北端の門。門の奥に御三卿の田安家の屋敷があった。櫓門の規模は 19 間× 4 間。現存する門で清水門、外桜田門とともに重要文化財に指定されている。現在は門の奥に日本武道館があることで知られる。櫓門は関東大震災で櫓を失ったが昭和 36 年（1961）に復元された。

北の丸清水門（現存）
（東京都立中央図書館特別文庫室蔵）
明治初期の撮影。北の丸の北東の門。桝形を形成する高麗のみが残る。高麗門右奥の櫓門は見えないが櫓門の規模は間× 4 間。門の奥に御三卿の清水家の屋敷があった。清水桝形を抜けるとやや急な坂となっている。清水門の櫓門は幕末に失われていたが昭和 36 年（1961）に復元された。

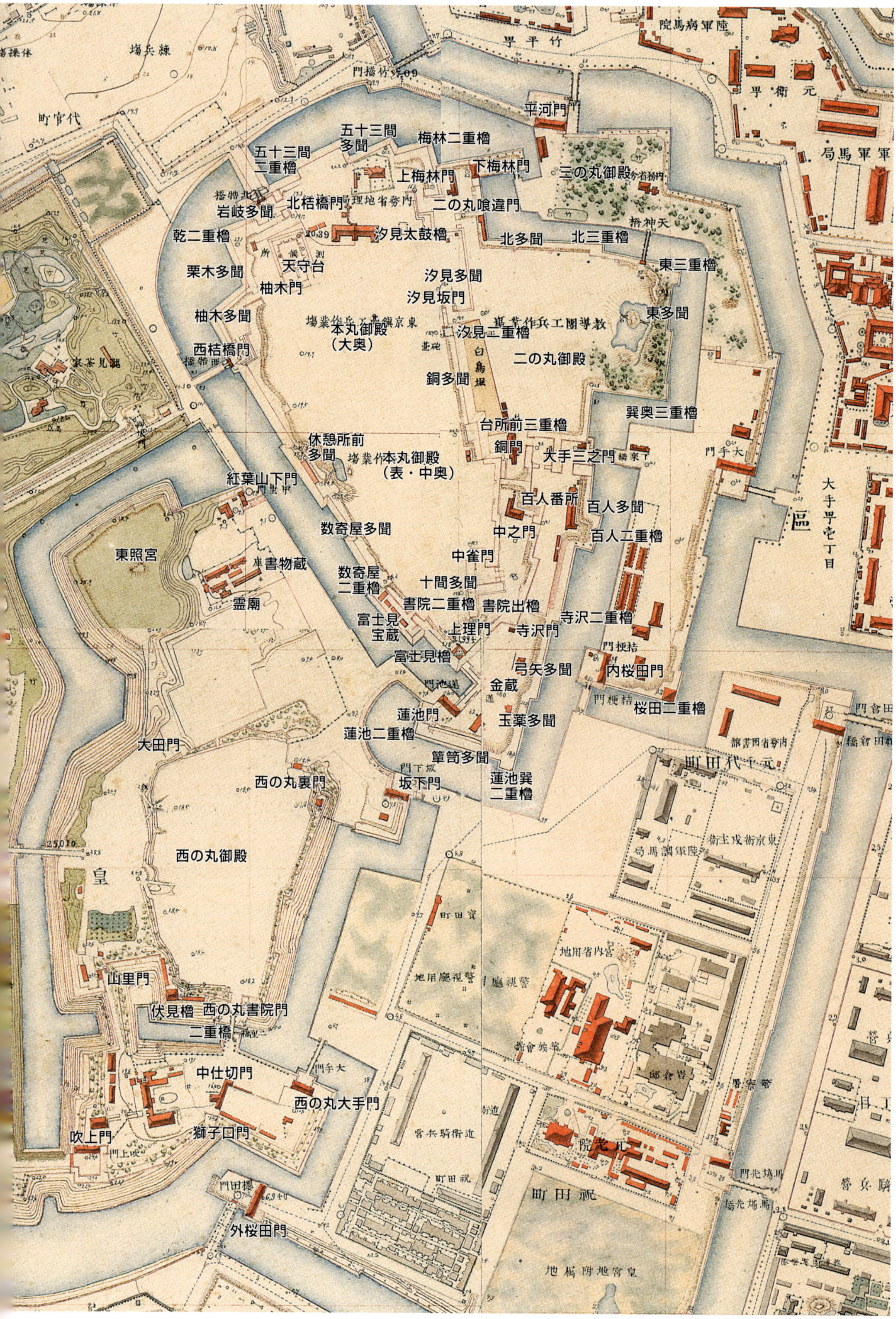

平河門
五十三間多聞
梅林二重櫓
五十三間二重櫓
上梅林門
下梅林門
三の丸御殿
岩岐多聞
北桔橋門
二の丸喰違門
乾二重櫓
汐見太鼓櫓
北多聞
北三重櫓
天守台
栗木多聞
汐見多聞
東三重櫓
柚木門
汐見坂門
柚木多聞
東多聞
本丸御殿（大奥）
汐見二重櫓
西桔橋門
二の丸御殿
銅多聞
巽奥三重櫓
台所前三重櫓
休憩所前多聞
本丸御殿（表・中奥）
銅門
大手三之門
紅葉山下門
百人番所
百人多聞
数寄屋多聞
中之門
百人二重櫓
東照宮
書物蔵
中雀門
数寄屋二重櫓
十間多聞
霊廟
書院二重櫓
書院出櫓
寺沢二重櫓
富士見宝蔵
上埋門
寺沢門
富士見櫓
弓矢多聞
内桜田門
金蔵
桜田二重櫓
蓮池門
玉薬多聞
蓮池二重櫓
大田門
簞笥多聞
西の丸裏門
坂下門
蓮池巽二重櫓
西の丸御殿
山里門
伏見櫓二重櫓
西の丸書院門
中仕切門
西の丸大手門
吹上門
獅子口門
外桜田門

江戸城周辺図

参謀本部陸軍部測量局「五千分一東京図」明治 15 ～ 17 年（1882 ～ 84）（国土地理院蔵）

図は江戸城の北の丸を除く主要部分を掲載。右ページ中段に見える蓮池巽三重櫓（35 ページ参照）から北（上）へ続く玉薬多聞、弓矢多聞、寺沢二重櫓、百人二重櫓、百人多聞、下乗橋が架かる大手三の門、そして二の丸巽奥三重櫓（34 ページ参照）、さらに北に東多聞、東三重櫓が続く江戸城東面の高石垣に構えられた壮大な櫓群の配置がわかる。

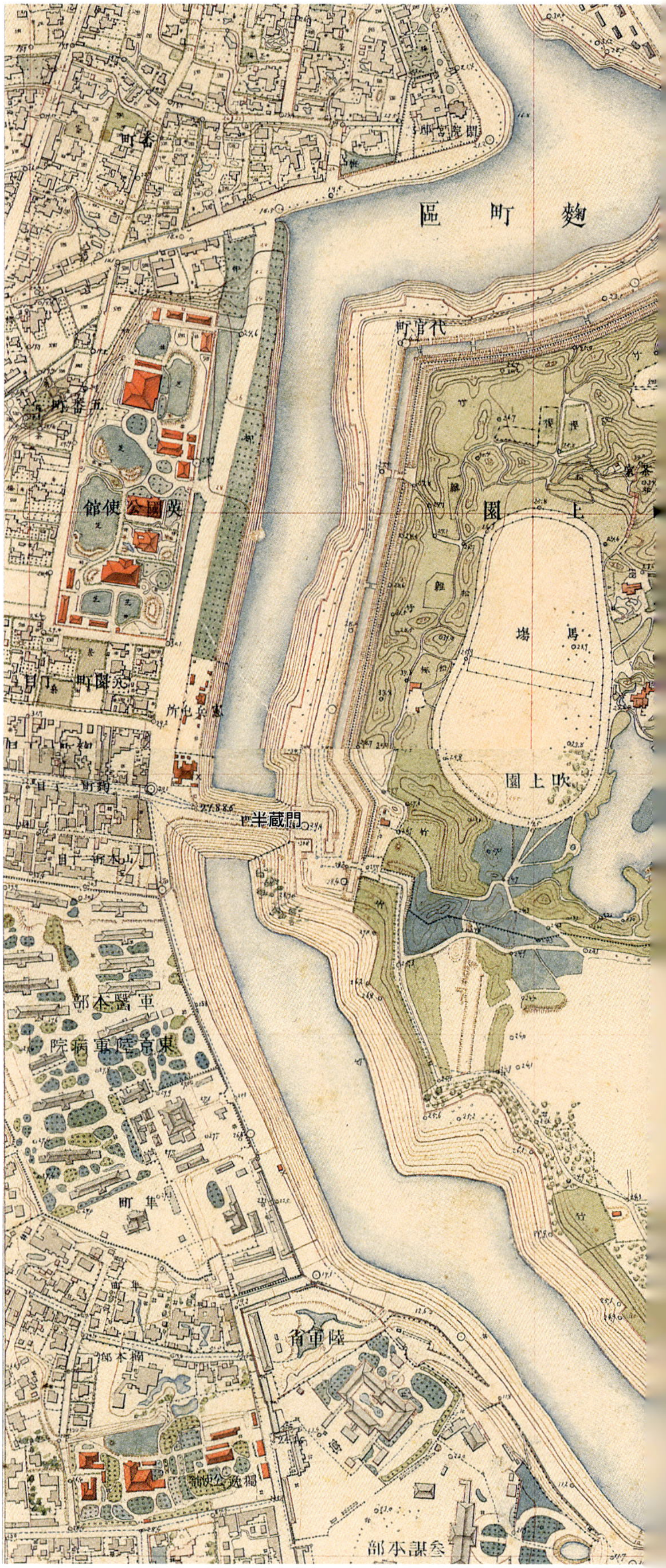

西の丸下から見た西の丸大手門（左）と書院門・多聞櫓・伏見二重櫓（右）（横浜開港資料館蔵）
明治初期の撮影。明治６年（1873）書院門が焼失撤去されたが、多聞櫓と伏見二重櫓は現存している。

西の丸伏見二重櫓と書院門
（小沢健志氏蔵）
明治初期の撮影。手前の橋は西の丸大手門に架かる橋。その奥の橋は書院門に架かる橋である。この景観が二重橋と称される由縁である。現在はふたつの橋は鉄橋に架け替えられている。

西の丸書院門（小沢健志氏蔵）
明治初期の撮影。書院門の桝形を形成する高麗門はすでに撤去され、22間×４間という江戸城でも最大級の櫓門のみが建つ。

西の丸伏見櫓（小沢健志氏蔵）
明治初期の撮影。西の丸にある唯一の隅櫓。５間×６間の規模で三の丸桜田二重櫓よりやや小さい。

西の丸大手門と書院門（松戸市戸定歴史館蔵）
明治初期・内田九一撮影。左に西の丸大手門の桝形を形成する高麗門、その奥に櫓門を見る。櫓門は 18 間× 4 間の規模で西の丸書院門よりやや小さい。右遠方に書院門、多聞櫓、伏見二重櫓が見える。

吹上から見た西の丸吹上門（小沢健志氏蔵）
明治初期の撮影。西の丸の南端に位置する門で正面は高麗門、そのやや右上にかすかに吹上門の桝形を形成する櫓門の屋根が見える。櫓門は 15 間× 4 間の規模。

紅葉山下門（社団法人霞会館蔵）
明治初期の撮影。本丸から見た紅葉山下門。門の後方は東照宮の木立。櫓門の規模は14間×4間。西の丸北端にある桝形門。紅葉山には、東照宮をはじめ歴代将軍の霊廟が建てられていた。

山下門（外曲輪の門）（ベルタレッリ市立版画コレクション・会津若松市）
明治初期の撮影。外曲輪にあった門。江戸城の門の中で最も規模が小さい門である。明治６年（１８７３）に撤去された。

市ヶ谷門（外曲輪の門）
（東京都立中央図書館特別文庫室蔵）
明治初期の撮影。櫓門はすでになく、高麗門のみが残る。明治６年（1873）に撤去された。

小石川門（外曲輪の門）
（東京都立中央図書館特別文庫室蔵）
明治初期の撮影。水戸家上屋敷前にあった城門。櫓門の規模は 24 間×4間。明治６年(1873)に撤去された。

浅草橋門（外曲輪の門）
（東京都立中央図書館特別文庫室蔵）
明治初期の撮影。江戸の東を守る城門。櫓門の規模は 24 間× 4 間。明治６年（1873）に撤去された。

四谷門（外曲輪の門）
（東京都立中央図書館特別文庫室蔵）
明治初期の撮影。櫓門の規模は 17 間× 4 間。明治６年（1873）に撤去された。JR 四谷駅東口近くにあった。

牛込門（外曲輪の門）
（東京都立中央図書館特別文庫室蔵）
明治初期の撮影。櫓門の規模は 21 間× 4 間。明治６年（1873）に撤去された。JR 飯田橋駅南口近くにあった。

筋違橋門（外曲輪の門）
（東京都立中央図書館特別文庫室蔵）
明治初期の撮影。外曲輪の門。櫓門の規模は 21 間× 4 間。明治６年(1873)に撤去された。

平河門（ベルタレッリ市立版画コレクション・会津若松市）
明治初期の撮影。正面の平河堀に架かる平河橋、左に平河門の高麗門、桝形を形成する櫓門が見える。櫓門の規模は 19 間× 4 間。平河橋の右奥に竹橋、その奥に近衛砲兵営の建物がみえる。

数寄屋門（内曲輪の門）
（東京都立中央図書館特別文庫室蔵）
明治初期の撮影。櫓門の規模は 17 間× 4 間。明治 6 年（1873）に撤去。銀座数寄屋橋交差点付近にあった。

日比谷門（内曲輪の門）
（東京都立中央図書館特別文庫室蔵）
明治初期の撮影。大名小路から見た日比谷門。櫓門の規模は 15 間× 4 間。明治 6 年（1873）に撤去された。

虎ノ門（外曲輪の門）
（小沢健志氏蔵蔵）
明治初期の撮影。高麗門も櫓門もすでにない。櫓門の規模は 17 間× 4 間。明治 6 年（1873）に撤去された。

鍛冶橋門（内曲輪の門）（小沢健志氏蔵）
明治初期の撮影。櫓門の規模は16間×4間。明治6年（1873）に撤去された。

幸橋門（外曲輪の門）
（東京都立中央図書館特別文庫室蔵）
明治初期の撮影。高麗門も櫓門もすでにない。櫓門の規模は 18 間× 4 間。明治 35 年（1902）に撤去された。

呉服橋門（内曲輪の門）
（松戸市戸定歴史館蔵）
明治初期・内田九一撮影。万治２年（1659）に再建された門。櫓門の規模は15間×４間。明治６年（1873）に撤去された。呉服橋の名の由来は後藤縫殿助が呉服座を司って門外に住んでいたことから転じたという。

呉服橋門（内曲輪の門）
（東京都立中央図書館特別文庫室蔵）
明治初期の撮影。内側広場から見た呉服橋門。写真中央は大番所。呉服橋門の内側に北町奉行所があった。

雉子橋門（内曲輪の門）
（東京都立中央図書館特別文庫室蔵）
明治初期の撮影。櫓門の規模は18間×４間。明治６年（1873）に撤去された。

一ツ橋門（内曲輪の門）
（東京都立中央図書館特別文庫室蔵）
明治初期の撮影。櫓門の規模は15間×4.3間。門の奥に御三卿の田安家の屋敷があった。

神田橋門（内曲輪の門）
（小沢健志氏蔵）
明治初期・横山松三郎撮影。櫓門の規模は19間×４間。明治６年（1873）に撤去された。

常盤橋門（内曲輪の門）（松戸市戸定歴史館蔵）
明治初期・内田九一撮影。櫓門の規模は 20 間× 4 間。明治 6 年（1873）に撤去された。

外桜田門（現存）（内曲輪の門）
（厚木市郷土資料館蔵）
明治初期・F・ベアト撮影。櫓門の規模は19間×4間。

常盤橋門（内曲輪の門）（小沢健志氏蔵）
明治初期の撮影。櫓門の規模は 20 間× 4 間。

半蔵門（内曲輪の門）
（東京都立中央図書館特別文庫室蔵）
明治初期・横山松三郎撮影。櫓門の規模は 16 間× 4 間。左は高札場。半蔵門の名の由来は門前に服部半蔵の組屋敷があったことから転じたという。

馬場先門（内曲輪の門）
（小沢健志氏蔵）
明治初期の撮影。櫓門の規模は 13 間× 4 間。明治 6 年（1873）に撤去された。明治期、元老院が置かれた。

和田倉門（内曲輪の門）
（東京都立中央図書館特別文庫室蔵）
明治初期の撮影。内側広場から見た和田倉門。櫓門の規模は 19 間× 4 間。明治 6 年（1873）に撤去された。

尾張藩江戸上屋敷市谷邸（徳川林政史研究所蔵）
明治期の撮影。江戸在中の藩主と家族が居住し、藩の政治的機構を行う施設もあった。敷地は約７万5000坪。屋敷の中央には物見櫓が設けられていた。

小《お》田《だ》原《わら》城

築城年／応永 23 年（1416）
慶応３年の城主／大久保忠礼
慶応３年の石高／ 21 万 3129 石
存廃城／在城
所在地／神奈川県小田原市城内

上杉、武田の軍勢も落とせず、難攻不落の後北条氏の本拠として知られた。天正 18 年（1590）対豊臣に備えた城域整備で総延長９km に及ぶ総構となった。現在の城の姿は江戸期のもの。維新後、建物は破却、現天守は戦後外観のみ復元された。常盤木門と銅門は木造で忠実に復元されている。

本丸常盤木門（横浜美術館蔵）
明治３年（1870）頃の撮影。常盤木門は、九輪橋（太鼓橋）を渡った正面にある矢来門と多聞櫓（写真左）と櫓門で構成された桝形門である。右方にある櫓門は残念ながら木立に隠れて見えない。櫓門の規模は７間×４間。明治３年、天守とともに破却された。

二の丸大手を固める二の丸の表門・銅門の桝形（横浜美術館蔵）
明治3年（1870）頃の撮影。馬屋曲輪から二の丸に架かる住吉橋を渡ると銅門である。写真右、一の門（高麗門）の屋根には、左手の桝形内門（櫓門）から連なっていた土塀（大部分は破却されている）の一部が残っている。櫓門の規模は13間×3間。

二の丸平櫓（小田原市立図書館蔵）
明治期の撮影。一重櫓。明治 42 年（1909）の改造時に櫓の扉が白く塗られた。

天守台と大久保神社（報徳二宮神社蔵）
明治期の撮影。明治 26 年（1893）に小田原藩の藩祖大久保忠世を祀る大久保神社が天守台上に建立された。同 32 年に神社は城外に移転した。

南曲輪（鷹部屋曲輪）西櫓（横浜美術館蔵）
明治初期の撮影。櫓１階の西面と南面に入母屋造の張出し（石落とし）を設けている。右写真の東櫓とほぼ同型の櫓である。

南曲輪（鷹部屋曲輪）東櫓（長崎大学附属図書館蔵）
明治初期の撮影。東櫓は、上層の屋根には軒唐破風が施され、装飾性の高い櫓となっている。手前に見える小さな橋は馬出曲輪の小峯橋。

南曲輪（鷹部屋曲輪）東櫓（『大日本全国名所一覧』平凡社提供）
明治初期の撮影。写真中央の二重櫓が東櫓。東櫓の右奥に、南曲輪に隣接する二の丸の銅門の櫓門が見える。その右遠方は馬屋曲輪の土塀（白壁）。

二の丸平櫓（個人蔵）
明治期の撮影。明治34年（1901）二の丸は小田原御用邸となる。中央遠方に馬屋曲輪の馬出門跡が見える。

馬屋曲輪馬出門（個人蔵）
明治期の撮影。門は冠木門となっているが、往時は門の上は土塀で覆われていた。

甲府城《こうふ》

築城年／慶長５年（1600）
慶応３年の城主／大久保忠礼（城代）
慶応３年の石高／幕府直轄
存廃城／在城
所在地／山梨県甲府市丸の内

天正 10 年（1582）徳川家康が、甲斐統治の拠点として築くが、関東に入部したため、城には豊臣一門の重臣が入った。関ヶ原の戦後、再び徳川の支配下に置かれ、享保９年（1724）から幕府直轄とされた。天守台石垣、内堀などの遺構が残り、内松陰門と土塀、稲荷櫓などが再建されている。

大手門筋から本丸を望む（個人蔵）
明治期の撮影。写真右最上段の石垣が天守台。天守台の下段の石垣は本丸、天守曲輪、帯曲輪の石垣。

甲府城を北から遠望（個人蔵）
明治期の撮影。

本丸・天守曲輪遠望（個人蔵）
大正期の撮影。明治６年（1873）に城内の城門を取り壊す。大正９年（1920）本丸に御陵林下賜謝恩塔を建立。

愛宕山から甲府城を望む（山梨県立博物館蔵）
明治初期の撮影。写真右の高石垣上の櫓は稲荷曲輪の稲荷櫓（二重櫓）。その左上の木立の山は本丸天守台付近。明治３年（１８７０）頃に城内の建物は破却されたが、平成13年（２００１）に稲荷櫓が、平成25年（２０１３）に銅門が復元された。

清水曲輪山の手門付近から本丸遠望（『大日本全国名所一覧』平凡社提供）
明治初期の撮影。写真中央の小高い（本丸）山上が天守台、そのやや右下に薄く見えるのが本丸二重櫓。写真右端の石垣は清水曲輪の石垣。写真中段に土塀（白壁）が横に伸びている部分は稲荷曲輪の石垣。土塀右に木立を挟んで見える建物は焔硝蔵。

鍛冶曲輪門付近（個人蔵）
明治期の撮影。明治 37 年（1904）城の西側部分をのぞく城地を舞鶴公園とした。

明治期の模擬天守 (共進会紀念)（個人蔵）
明治 37 年（1904）に天守台南端に二重の模擬天守が建てられた。写真は西側から見た姿である。

新発田《しばた》城

築城年／承応３年（1654）
慶応３年の城主／溝口直正
慶応３年の石高／ 10 万石
存廃城／在城
所在地／新潟県新発田市大手町

慶長３年（1598）入封した溝口秀勝は、旧新発田城跡に近世城郭を築き上げる。本丸には三尾の鯱の載った御三階櫓が建ち、そのまわりを古丸、二の丸が囲み、南側に三の丸が続く連郭式の縄張だった。海鼠壁が美しい本丸表門、二の丸隅櫓が現存する。御三階櫓、辰巳櫓は復元されたもの。

本丸表門と辰巳櫓（新発田市教育委員会蔵）
昭和初期の撮影。写真左に本丸表門。櫓門の規模は３間×８間。右奥に辰巳櫓（二重櫓）。櫓の規模は 5.5 間× 4.5 間。

本丸三階櫓（新発田市教育委員会蔵）
明治初期の撮影。写真左に本丸三階櫓（三重櫓）。天守のなかった新発田城に、延宝7年（1679）本丸西櫓を二重から三重に改め天守の代用とした。櫓の規模は6間×5・5間。櫓の初重の下半四段目地と二重と三重目の下一段目地は海鼠壁になっている。右奥の建物は鉄砲櫓（二重櫓）。

講堂（藩学校）と本丸三階櫓（新発田市教育委員会蔵）
明治初期の撮影。一部加筆が見られる。

古丸から見た本丸三階櫓（新発田市教育委員会蔵）
明治初期の撮影。三階櫓は平成 16 年（2004）に復元された。

本丸鉄砲櫓（新発田市教育委員会蔵）
明治初期の撮影。写真左の二重櫓が鉄砲櫓。鉄砲櫓の右に下見板張りの塀、本丸表門、辰巳櫓。鉄砲櫓、辰巳櫓は明治７年（1874）頃までに取り壊された。

土橋門と本丸鉄砲櫓
（新発田市教育委員会蔵）
明治初期の撮影。土橋門は本丸と二の丸の間の水堀に囲まれた細長い曲輪に配置した門。土橋門の手前は土橋と二の丸内。

本丸三階櫓（新発田市教育委員会蔵）
明治初期の撮影。左下に二の丸仕切門と二の丸隅櫓。

北西から見た本丸（新発田市教育委員会蔵）
明治初期の撮影。左から折掛櫓・本丸裏門桝形・高麗櫓。

二の丸搦手西の門（新発田市教育委員会蔵）
昭和初期の撮影。

二の丸大手中の門（新発田市教育委員会蔵）
明治初期の撮影。二の丸の大手にあたる表門。

三の丸大手門（新発田市教育委員会蔵）
明治初期の撮影。

三の丸鉄砲櫓
（新発田市教育委員会蔵）
明治初期の撮影。三の丸唯一の櫓（二重櫓）。三の丸大手門を側面から守備した。

二の丸の重臣屋敷
（新発田市立図書館蔵）
明治10年（1877）頃の撮影。
二の丸にあった家老・堀主計の屋敷。

本丸三階櫓（新発田市教育委員会蔵）
明治初期の撮影。三階櫓石垣の左遠方に二の丸西の門が見える。

本丸表門（新発田市教育委員会蔵）
昭和初期の撮影。本丸内から見る。昭和の修理前の姿。

本丸御殿玄関（新発田市教育委員会蔵）
昭和初期の撮影。御殿の屋根は杮（こけら）葺きであった。

村《むら》上《かみ》城

築城年／慶長３年（1598）
慶応３年の城主／内藤信民
慶応３年の石高／５万 90 石余
存廃城／廃城
所在地／新潟県村上市大字本町

本庄氏の古城に、慶長３年（1598）村上頼勝が入城して大改修に着手。20 年後堀直奇が入封して石垣を持つ近世城郭を完成させた。代々譜代大名が配された城だが、幕末期村上藩が奥羽越列藩同盟に加盟したため、新政府軍によって建築物はすべて破壊された。見事な石垣、天守台のみ残っている。

村上城より村上市内を望む（個人蔵）
明治後期の撮影。村上城は標高 130 メートルの臥牛山の山頂部分に石垣を巡らして本丸とし、階段状に二の丸、三の丸を配した山城である。本丸付近から見た市内の町並みと三面川（写真右手中央）。

村上城山上本丸遠望（個人蔵）
明治後期の撮影。

二の丸鐘御門跡石垣（個人蔵）
明治後期の撮影。山下の三の丸から本丸・二の丸方面を望む。

高《たか》田《だ》城

築城年／慶長 19 年（1614）
慶応３年の城主／榊原政敬
慶応３年の石高／ 15 万石
存廃城／廃城
所在地／新潟県上越市本城町

慶長 15 年（1610）家康六男松平忠輝が福島城に入封するが、ほどなく新城を築いて移転。天下普請で築城され、広大な堀と土塁で築かれた大城郭となった。元和２年(1616) 将軍秀忠によって改易、以後城主は頻繁に入れ替わった。三重に囲む堀と土塁が残存。御三階櫓が模擬復興されている。

高田城跡（個人蔵）
明治後期の撮影。関川・青田川などの川を外堀として利用し、石垣を積まないで土塁の上に造られた城であった。

富山城本丸石垣（個人蔵）
昭和初期の撮影。城の周囲を巡っていた水堀も本丸と西の丸の南側部分を除き昭和 37 年（1962）頃までに埋め立てられた。

富山《とやま》城

築城年／天正９年（1581）
慶応３年の城主／前田利同
慶応３年の石高／ 10 万石
存廃城／存城
所在地／富山県富山市本丸

天正９年（1581）越中に入封した佐々成政は、やがて秀吉と対立。同 13 年、秀吉軍に包囲されて落城する。その後に前田氏が入り、新たに城を造営。寛永 16 年（1639）富山藩が立藩し、その後も改修を重ねて明治に至る。現在一帯は公園となり、模擬天守が立つほか、石垣、土塁、桝形虎口が残る。

富山城本丸御殿の玄関
（富山県立図書館蔵）
明治４年（1871）富山城は廃城となり、翌年城内の建築物は払い下げられ、本丸御殿は県庁舎として使用していたが、明治 32 年（1899）に焼失した。

二の丸御門
（富山県立図書館蔵）
明治初期の撮影。写真左は本丸。右は二の丸の櫓門。

高岡城《たかおかじょう》

築城年／慶長 14 年（1609）
慶応 3 年の城主／なし
慶応 3 年の石高／なし
存廃城／廃城
所在地／富山県高岡市古城

前田利長が家督を譲り、富山城に隠居した後の慶長 14 年（1609）、城は大火に遭い全焼。このため、高岡の地に築城して移り住んだ。同 19 年に利長が没し、翌年、一国一城令が発布されて廃城に。建物は破却されたが石垣、堀などは残り、明治に入って、公園条例による日本初の公園となった。

高岡城の水堀（高岡市立博物館蔵）
昭和初期の撮影。絵葉書「古城公園堀端」。かつては本丸の北から北西にかけて沼沢地が広がり、本丸の防御とした。

高岡城跡中之島（高岡市立博物館蔵）
昭和初期の撮影。絵葉書「高岡公園中之島ノ春色」。明治 8 年（1875）に「高岡古城公園」とされた。西外堀にある中之島には橋が架かり日本庭園の風情がある。

高岡城跡（高岡市立博物館蔵）
昭和初期の撮影。絵葉書「古城公園の桜花」。桜の名所として有名であるが、四季折々美しい景色である。

金沢城《かなざわ》

築城年／慶長４年（1599）
慶応３年の城主／前田慶寧
慶応３年の石高／ 102 万 2700 石
存廃城／存城
所在地／石川県金沢市丸の内

賤ヶ岳の戦いの後、前田利家が入封すると、二代にわたる大改修に着手、文禄元年（1592）頃、広壮な城郭が完成する。明治に入り、現存する三十間長屋、石川門を除き、建物の多くが焼失した。平成に入り菱櫓、五十間長屋、橋爪門続櫓などが復元され、海鼠壁、鉛瓦の優美な姿を取り戻した。

二の丸菱櫓の東面
（金沢市立玉川図書館蔵「二の丸の菱櫓」）
明治初期の撮影。二の丸の象徴であった櫓。櫓の左は五十間長屋（二重多聞櫓）の一部が見える。五十間長屋は続櫓・橋爪門と続く。これらの建物は明治14年(1881)の火災により焼失した。

玉泉院丸鼠多門の正面
（金沢市立玉川図書館蔵「鼠多門正面」）
明治初期の撮影。鼠多門後方に二の丸御殿の奥向の殿舎群が建ち並んでいる。二の丸御殿は明治 14 年（1881）に、鼠多門は明治 17 年に火災により焼失した。

二の丸の櫓群（長崎大学附属図書館蔵）
明治初期の撮影。左端から橋爪門の（高麗門)、続櫓（二重櫓）五十間長屋（二重多聞櫓)、右端に菱櫓（二重櫓)。

金沢城遠望（個人蔵）中央上に見えるのが石川門の二重櫓。城内は兵営となっている。

石川門（現存）（個人蔵）
明治期の撮影。三の丸大手にあたる桝形門。

玉泉院丸鼠多門（金沢市立玉川図書館蔵「玉泉院正面」）

二の丸橋爪門と続櫓（二重櫓）
（金沢市立玉川図書館蔵「橋爪門の全貌」）
明治初期の撮影。金沢城の政治の中枢を担っていた場所が二の丸である。その二の丸の正門が橋爪門で、門は外門（高麗門）と内門（櫓門）からなっている。写真中央の高麗門の後ろ続櫓（二重櫓）、その右に五十間長屋（二重多聞櫓）が延びている。明治14年（1881）の火災で二の丸御殿などとともに焼失した。

小松《こまつ》城

築城年／天正４年（1576）
慶応３年の城主／城代不詳
慶応３年の石高／不詳
存廃城／廃城
所在地／石川県小松市丸の内本丸

寛永16年（1639）金沢藩主前田利常の隠居城として修築。小松の浮城とも呼ばれ、本丸、二の丸の周囲に４曲輪を、その外郭に６曲輪を配置して、梯川に通じる堀を巡らしている。事あるときには曲輪間の橋を落とせば独立した区画となり、更に梯川を堰き止めれば城域が浮島のようになるといわれる。

小松城天守台（個人蔵）
大正期の撮影。天守台石垣は切込椄での工法で積まれている。天守台の下の井戸には下の写真で見られる屋根がない。

小松城天守台（個人蔵）
大正期の撮影。天守台の規模は10間×10間ほどあり、五重天守が建つほどの広さがあるが、実際には天守は建てられていない。天守台上には、外観二重内部三階の数寄屋造りの櫓が建てられた。

大聖寺《だいしょうじ》城

築城年／鎌倉時代
慶応３年の城主／前田利鬯
慶応３年の石高／10万石
存廃城／廃城　錦城山公園
所在地／石川県加賀市大聖寺八間道

信長の加賀征圧戦の後、山口正弘が入城したが、関ヶ原の戦いで、東軍前田利長に攻囲され自刃。以後前田氏の支配となるが、一国一城令により廃城に。寛永16年（1639）大聖寺藩が分封立藩するが、城は復興されず、江戸期を通して有事のための要害としてのみ保存された。土塁などの遺構が残る。

長流亭（個人蔵）
現在大聖寺城跡には城塁の一部と大聖寺藩三代目藩主前田利直の別邸（長流亭）が残っている。長流亭は宝永６年（1709）に小堀遠州の設計により、数寄屋風の茶室が建てられた。

天守（南西より）（個人蔵）
大正年間の撮影。天守石垣は古式な野面積みの技法で積まれている。左側に鐘楼が残っている。

丸《まる》岡《おか》城

築城年／天正４年（1576）
慶応３年の城主／有馬道純
慶応３年の石高／５万石
存廃城／廃城
所在地／福井県坂井市丸岡町霞町

二重三階、望楼型の小ぢんまりとした天守は現存天守として最古の一つ。天正４年（1576）頃柴田勝豊によって造営されたとされてきたが、現在、慶長期とする説もある。天守一階部分が石垣天端より内側に控えて建てられ、石瓦葺き。明治を迎えて廃城となり、天守と本丸のみが残された。

北西から見た天守（坂井市教育委員会蔵）
明治10年（1877）頃の撮影。丸岡城は廃城後の明治5年に天守を除き建物はすべて取り壊された。左の建物は二の丸跡に建てられた裁判所。

天守遠望（個人蔵）
昭和期の撮影か。今はない忠魂碑が天守より高く立っていた。大正中期から昭和の初期にかけて丸岡城の堀は埋められ、現在は本丸と天守台の石垣が残っている。

明治34年（1901）の天守修復作業（坂井市教育委員会蔵）
最上階の部分修理が行われた。その後、昭和23年(1948)6月の福井大震災により天守は倒壊したが、昭和26年に再建に着手、昭和30年3月に修復再建された。

福《ふく》井《い》城

築城年／慶長 11 年（1606）
慶応３年の城主／松平茂昭
慶応３年の石高／ 32 万石
存廃城／存城
所在地／福井県福井市大手

柴田勝家が城とともに滅びた北ノ庄城の跡地に、慶長５年（1600）結城秀康が入り、三重の水堀を周囲に巡らした輪郭式の巨大な城郭を築いた。その後２度の大火災で被害を受け、四重五階とされる大天守などを失う。天守は再建はされずに明治を迎える。近年舎人門などが復元されている。

本丸巽櫓（福井市立郷土歴史博物館蔵）
明治初期の撮影。寛文９年 (1669) に福井城天守が焼失。その後の福井城における天守代用となった巽櫓（三重櫓）。櫓左方に本丸大手の瓦御門まで続く長大な多聞櫓の一部が見える。

本丸石垣（個人蔵）

本丸大手の瓦御門（福井市立郷土歴史博物館蔵）
明治初期の撮影。瓦御門桝形。橋の先に高麗門、その右奥に櫓門。

本丸石垣と堀
（個人蔵）

照手御門と九十九橋
（福井市立郷土歴史博物館蔵）
明治初期の撮影。

本丸西面
（福井市立郷土歴史博物館蔵）
明治初期の撮影。左奥の橋は水堀に架かる廊下橋。

本丸・二の丸を南東から望む
（福井市立郷土歴史博物館蔵）
明治初期の撮影。右は二の丸隅櫓。左遠方に本丸巽櫓が見える。

小浜《おばま》城

築城年／寛永 19 年（1642）
慶応３年の城主／酒井忠氏
慶応３年の石高／ 13 万 3558 石
存廃城／存城
所在地／福井県小浜市城内

関ヶ原の戦い後、小浜に封じられた京極高次が築城に着手、小浜湾に流入する北川、南川を外堀として築城を進めた。寛永 11 年（1634）酒井忠勝が入封。以後も造営を継続、本丸に三重四階の天守を築いた。天守は幕末まで現存したが、維新期に廃城となり破却。本丸付近の堀、石垣が残る。

天守台と本丸南面の石垣（個人蔵）
明治期の撮影。明治４年（1872）に天守を除く城の建物の大部分を焼失。残存した天守も明治６年に売却撤去された。写真には明治８年に本丸跡に藩祖酒井忠勝を祀る小浜神社を建立と記されている。

三の丸南東の大手橋（井田晴彦氏蔵）
明治初期の撮影。右より三ツ目櫓と多田見櫓（この２棟は重なって見えている）、土塀、五方櫓（二重櫓）、寄打櫓、多聞櫓で、その左方に大手門桝形があった。

天守台と西面石垣（個人蔵）
大正年間の撮影。内堀は耕作地として利用されている。

天守台と本丸石垣（個人蔵）
天正年間の撮影。石垣上の建物は後世のもの。

三の丸と二の丸の南面（井田晴彦氏蔵）
明治初期の撮影。右端は三の丸太鼓櫓。左遠方に石打櫓・月見櫓・川櫓と並ぶ。

松本城《まつもと》

築城年／文禄３年（1594）
慶応３年の城主／松平光則
慶応３年の石高／６万石
存廃城／存城
所在地／長野県松本市丸の内

天正 18 年（1590）石川数正が小笠原氏に代わって入封。次代康長までの２代をかけて、現在の城郭の原型が造られていった。当時の天守は連立式で乾櫓と天守が連結されており、現在の姿となるのは、寛永 10 年（1633）に入封した松平直政が辰巳附櫓、月見櫓を増設してからのことになる。

①松本城天守西面（深志高校同窓会蔵　松本城管理事務所提供）
明治末期の修理前の姿である。外観五重、内部六階の層塔型天守。天守は石垣台から約 25 メートルの高さを誇った。天守は明治５年（1872）に城内のほかの建物とともに払い下げられたが、市川量造らの尽力で取り壊しを免れた。しかし、明治後期には写真に見るように建物は大きく傾き、屋根の破損も著しかったため、明治 34 年に結成された天守閣保存会により明治 36 年から大正２年（1913）にかけて大修理が実施された。

二の丸太鼓門跡から天守を望む（松本城管理事務所蔵）
明治30年（1897）頃の撮影。後方に天守（左）と乾小天守（右）が見える。

明治の大修理（松本城管理事務所蔵）
明治40年（1907）頃の撮影。天守三重以上の修理を完了。

明治の大修理（松本城管理事務所蔵）
明治40年（1907）頃の撮影。

昭和の大修理前（松本城管理事務所蔵）
天守西面。

昭和の大修理（松本城管理事務所蔵）
昭和22年（1947）頃の撮影。

二の丸御殿跡（松本城管理事務所蔵）
明治9年（1876）筑摩県庁に使用されていた二の丸御殿が焼失。明治11年、二の丸御殿跡に長野地方裁判所が建てられた。建物は木造平屋建て瓦葺きで和風建築の裁判所であった。後方に本丸天守群。

天守と乾小天守（個人蔵）
外観五層、内部六階の天守と外観三重内部四階の小天守は渡櫓で結ばれている。

太鼓櫓跡と天守群
（個人蔵）
明治期の撮影。明治４年（1871）太鼓門、櫓、土塀が取り壊される。

小諸《こもろ》城

築城年／天文 23 年（1554）
慶応 3 年の城主／牧野康済
慶応 3 年の石高／1 万 5000 石
存廃城／廃城
所在地／長野県小諸市古城

千曲川の断崖に立つ鍋蓋城を武田信玄が大改修。天正 18 年（1590）入封した仙石氏が、石垣を築くなど、近世城郭としての形を整えた。金箔瓦葺きの三重の天守もあがっていたが、寛永年間に焼失。城の核心部が城下より低い位置にあるため「穴城」とも呼ばれる。三の門、大手門、天守台が現存する。

小諸城天守台（個人蔵）
仙石氏の時代に三重天守が建てられていたが、寛永 3 年（1626）落雷によって焼失している。

小諸城三の門（個人蔵）
明治後期の撮影。建物は明和 2 年（1765）に再建されたもので、廃城後城内に「懐古神社」を祀り、三の門より城内を「懐古園」とした。

小諸城三の門（個人蔵）
明治 13 年（1880）に城郭は払い下げられ、小諸藩の旧士族の手により本丸跡に神社が祀られ、「懐古園」と名付けられた。

小諸城三の門（個人蔵）
明治後期撮影。三の門正面の大扁額は、徳川宗家16代当主の徳川家達の揮毫。

上田城《うえだ》

築城年／天正 11 年（1583）
慶応 3 年の城主／松平忠礼
慶応 3 年の石高／ 5 万 3000 石
存廃城／存城
所在地／長野県上田市二の丸

天正 11 年（1583）真田昌幸によって創築され、徳川軍を 2 度まで翻弄し、戦いの舞台となった。関ヶ原の戦い後、昌幸は配流、城は破却されたが、その後に入った仙石政明が城を大改修する。3 基の隅櫓が現存するが、南北の櫓は一時遊郭に売却されていたが平成 6 年（1994）、本丸櫓門が復元。

尼ケ淵から見た本丸（個人蔵）
明治後期の撮影。左端は西櫓（二重櫓）。廃城後、移築されていた北櫓、南櫓は昭和 22 年（1947）に再び城内へ移築復元された。

西櫓（個人蔵）
明治後期頃の撮影。明治 6 年（1873）に廃城となった上田城は、翌 7 年に城の建物は民間へ払い下げられる。本丸に 7 棟あった櫓は、西櫓を残して解体、売却された。

上田城本丸東面（宮内庁書陵部蔵）
明治初期の撮影。写真右から北櫓、本丸東虎口の櫓門、南櫓台の石垣が写り、その左奥に西櫓（現存）が見える。東虎口の櫓門は平成 6 年（1994）に復元された。

松代《まつしろ》城

築城年／永禄３年（1560）
慶応３年の城主／真田幸民
慶応３年の石高／10万石
存廃城／廃城
所在地／長野県長野市松代町

信玄、謙信の戦いで知られる川中島に信玄が築いた海津城が起源。慶長５年（1600）森忠政が入城、石垣を築き、近世城郭とした。元和８年（1622）真田氏が入封、幕末までこの城と共にあった。天守台のみが現存。本丸の石垣、内堀、本丸太鼓門、北不明門、二の丸の土塁などが復元された。

松代城石垣（個人蔵）

松代城石垣遠景（個人蔵）
昭和初期撮影。北西に戌亥隅櫓台（天守台）があるが、天守相当の櫓は近世初頭には失われたようで、本丸には幕末まで四隅に二重櫓が上がっていた。

松代城遠景（個人蔵）
内堀より中は総石垣で囲まれ、明和7年（1770）に花の丸御殿が造られるまで、藩の政庁及び藩主の住宅である本丸御殿が置かれていた。櫓門は3カ所、北不明門、東不明門、太鼓門。櫓はいずれも二重で4カ所にあった。

龍岡《たつおか》城

築城年／慶応３年（1867）
慶応３年の城主／松平乗謨
慶応３年の石高／１万6000石
存在城／廃城
所在地／長野県佐久市田口

函館五稜郭同様の星形稜堡式城塞。龍岡藩庁が置かれた。元治元年（1864）三河奥殿藩（のち龍岡藩）主・幕府陸軍総裁松平乗謨が着工。幕末の幕軍軍備改革を背景にした造営で、規模は函館五稜郭の約半分。明治に入り荒廃したが、昭和初年、住民発案の復旧工事が実現。堀、石垣などが蘇った。

龍岡城の隅石垣と堀（個人蔵）
城内には建物の屋根が数棟写っている。石垣が低く水堀も狭く、砲台も西方に１基しかないため実戦には耐えられないと見られる

高島城《たかしま》

築城年／慶長３年（1598）
慶応３年の城主／諏訪忠誠
慶応３年の石高／３万石
存廃城／廃城
所在地／長野県諏訪市高島

諏訪湖に突き出た半島状の地形に築かれたため、「浮城」とも呼ばれた。築城は秀吉家臣の日根野高吉。天正 18 年（1590）入封の２年後着工、慶長３年（1598）ほぼ完成する。その後、諏訪氏が城主に復帰し、幕末まで在封する。明治に入って天守は破却されたが、昭和 45 年（1970）に外観復元された。

天守北面（個人蔵）
明治４年（1871）の撮影。三重の望楼式天守で、外観三重内部五階。初重北面の大きな入母屋破風が見える

天守北面（竹田泰三氏蔵）
明治４年（1871）の撮影。二階の東西、三階の南北に出窓（火灯）。屋根は柿（こけら）葺きであった。

大手門石垣（個人蔵）
大手門石垣と木橋。明治８年（１８７５）に天守以下建造物は破却もしくは移築され、翌年高島公園として一般に開放された。現在、本丸の石垣および北側と東側の堀が残る。

大垣城《おおがき》

築城年／慶長元年（1596）
慶応３年の城主／富田氏友
慶応３年の石高／ 10 万石
存廃城／廃城
所在地／岐阜県大垣市郭町

諸説あるが、近世城郭に整備されたのは、天正 13 年（1585）秀吉家臣の一柳直末が入った時のこと。本丸と二の丸を並郭式に並べた外周に幅広い堀を巡らせ、三重の堀が囲んでいた。同 18 年、伊藤祐盛の時代には四重四階の天守が築かれ、長く現存していたが戦災で焼失。戦後外観復元されている。

天守北西面（大垣市立図書館蔵）
大正期（1913 ～ 26）の撮影。明治 6 年（1873）廃城となったが、天守など一部の建物は破却を免れたが、昭和 20 年（1945）に戦災により天守や艮櫓などが焼失した。

大垣城天守と橋（個人蔵）
明治初期の撮影。

天守内部二階

本丸南面（大垣市立図書館蔵）
明治初期の撮影。天守の左下に竹曲輪、南西隅の二重櫓、写真右端にわずかに二の丸、二の丸坤三重櫓。その左に本丸腰曲輪巽三重櫓。手前に切妻造の本丸表門（櫓門）の屋根が見える。その左上には本丸巽櫓と本丸櫓門が見える。

大垣城本丸南面
（大垣市立図書館蔵）
明治４年（1871）の撮影。写真の左下は本丸腰曲輪と二の丸を結ぶ廊下橋（屋根付き橋）。その上にそびえる天守とその前方は西付多聞。写真中央の櫓門は本丸表門。右端は本丸巽二重櫓の屋根。明治３年（1870）以降、大垣城内の建物などの取り壊しが進み、本丸も同７年、天守と艮櫓を除いて破却された。

岐《ぎ》阜《ふ》城

築城年／13 世紀初頭
慶応３年の城主／なし
慶応３年の石高／なし
存廃城／廃城
所在地／岐阜県岐阜市金華山

永禄 10 年（1567）織田信長は斎藤氏を滅ぼし、稲葉山城を岐阜城と改めて入城した。山頂に三重の櫓を置いたという。天正４年（1576）安土城に移った後は城主が目まぐるしく入れ替わり、関ヶ原の戦いでは、城主織田秀信が西軍についたため池田輝政らに攻め落とされ、以後廃城となった。

岐阜城模擬天守（個人蔵）
明治後期撮影。明治 43 年（1910）に建てられた模擬天守。

岐阜城模擬天守（個人蔵）
明治後期撮影。昭和18年（１９４３）に焼失している。

掛川城《かけがわ》

築城年／慶長５年（1600）
慶応３年の城主／太田資美
慶応３年の石高／５万37石
存廃城／廃城
所在地／静岡県掛川市掛川

天正18年（1590）山内一豊が入城すると、石垣を築き、三重四階の天守をあげ、近世城郭の結構を整えていった。この天守は幕末の大地震で倒壊してしまったが、平成に入って、高知城天守をモデルに木造で復元された。現存する二の丸御殿は幕末のもので、ほぼ完全な姿を保っている貴重なもの。

東から見た三の丸と二の丸（関七郎氏蔵）
明治34年（1901）頃の二の丸と三の丸の東面の状況で、土塁が残っている。

二の丸御殿（個人蔵）
昭和初期の撮影。文久元年（1861）に再建された二の丸御殿が現存し、国の重要文化財に指定されている。

天守台より見た掛川（(個人蔵)
昭和初期の撮影。安政元年（1854）に地震により天守を含む大半の建物が倒壊した。その後、政務所である二の丸御殿は文久元年（1861）までに再建されたが、天守は再建されなかった。

二の丸御殿玄関（個人蔵）
藩主と城代だけが出入りした玄関であった。

駿府城 (静岡御用邸) 正面（個人蔵）
15 代将軍徳川慶喜が明治期に謹慎生活を送った所である。

駿府《すんぷ》城

築城年／天正 17 年（1589）
慶応３年の城主／城代　本多正訥
慶応３年の石高／直轄領
存廃城／廃城
所在地／静岡県静岡市葵区

家康の隠居城で、天下普請で築かれた。総石垣造、三重の堀を巡らせ、六重七階の巨大天守を誇る壮大な城郭だった。その後天守は焼失、幕末の大地震では建物の多くが倒壊。また、維新後軍用地に転用されたため、堀の埋め立て、石垣の破壊も進んだ。現在、二の丸東門、巽櫓が復元されている。

駿府城水堀面（個人蔵）
駿府城は外側から中に三の丸、二の丸、本丸となり輪郭式の三重の堀をもつ城である。明治 29 年（1896）に本丸堀が埋められた。

駿府城石垣（個人蔵）
寛永 12 年（1635）城下の火災から天守を含む駿府城の大半が焼失する。寛永 15 年に御殿や櫓などは再建されたが、天守は再建されなかった。

横須賀城石垣と三ヶ月池（個人蔵）
明治６年（1873）に城内の土地、建物、石垣、樹木まで民間に払い下げられた。

横須賀《よこすか》城

築城年／天正６年（1578）
慶応３年の城主／西尾忠篤
慶応３年の石高／３万 5000 石
存廃城／廃城
所在地／静岡県掛川市横須賀

天正６年（1578）高天神城奪還のため、家康が大須賀康高に命じて築かせた城。同 18 年、渡瀬詮繁が入城して大改修を開始、天守、石垣が築かれた近世城郭の姿となった。丸い川石（玉石）が石垣に使用されていたことがわかり、この石を用いて本丸石垣が復元され、特異な相貌を見せている。

三の丸清水御殿玄関（藤枝市郷土博物館蔵）
玄関は小学校に移築されたが昭和２年（1927）火災により焼失する。

田中《たなか》城

築城年／永禄13年（1570）頃
慶応３年の城主／本多正訥
慶応３年の石高／４万石
存廃城／廃城
所在地／静岡県藤枝市田中

円郭式と呼ばれる外郭の直径約600メートルの同心円状に四重の堀を巡らした縄張の特異な形状の城。創築年代は不明だが、武田式の馬出が見られる。城域は農宅地化して遺構は一部の堀、土塁が残るのみ。航空写真では、円形の城郭の跡が見てとれる。下屋敷跡に本丸二重櫓が移築保存されている。

空から見た田中城（藤枝市郷土博物館蔵）
昭和31年（１９５６）頃の撮影。本丸を中心に、直径約６００メートルの同心円状に四重に堀を巡らす構造を持っていた。また、二の丸および三の丸外に丸馬出が計６カ所設けられていた。田中城の四重に構えられた水堀のうち、外側の２つの堀はほぼ完全な状態をとどめている。全国の城郭のなかでも珍しい「円郭式」と称される同心円状の縄張がよく見てとれる。

三の丸清水御殿玄関（藤枝市郷土博物館蔵）
田中城は明治５年（1872）頃に城内の建物は取り壊されたが、清水御殿（写真左の建物）は田中高等小学校の玄関に転用された。

浜松城《はままつ》

築城年／元亀元年（1570）
慶応３年の城主／井上正直
慶応３年の石高／４万石
存廃城／廃城
所在地／静岡県浜松市元城町

家康は元亀元年(1570)ここに入城。三方ヶ原で惨敗して逃げ帰ったのもこの城である。近世城郭への改修は天正 18 年 (1590)、堀尾吉晴の入封から。縄張は梯郭式。天守の実在記録はないが、慶長期 (1596 ～ 1610) には存在したらしい。現在は模擬天守が建つ。天守台の石垣のほか遺構は少ない。

天守曲輪石垣（個人蔵）
明治期の撮影。浜松城石垣は自然石をほとんど加工せずに積み上げた野面積である。

天守曲輪東面
（浜松市立中央図書館蔵）
明治期の撮影。写真右方の木立の奥に天守閣の屋根がみえる。明治５年（1872）城内の建物が払い下げ取り壊される。

本丸より見た天守曲輪東面
（浜松市立中央図書館蔵）
明治期の撮影天守曲輪にあった天守台には天守は築かれなかった。野面積みの石垣が見事である。写真中央に門（明治以降の建造）が建っているが、この位置にはかつて天守門（天守曲輪の入り口の門）があった。

名古屋城《なごや》

築城年／慶長 17 年（1612）
慶応３年の城主／徳川義宣
慶応３年の石高／ 61 万 9500 石
存廃城／存城
所在地／愛知県名古屋市中区本丸

那古野城の跡に、慶長 15 年（1610）徳川家康が西国有力大名らに命じ築造。九男義直の居城と大坂豊臣方への抑えを兼ねていた。尾張徳川家の城として明治を迎えるが城は存続。戦災によって大小天守、本丸御殿などを焼失するが、複数の隅櫓、門、堀、石垣が現存する。現在の天守は外観復元したもの。

本丸南二の門
明治初期の撮影。手前は南二の門（表二の門）。右奥に見えるのが南一の門（櫓門）。厳重な桝形門になっていた。

本丸西面
（『国宝史蹟 名古屋城』所収）
明治初期の撮影。右は本丸未申（西南）隅櫓。その左方に四十六間の多聞櫓（具足多聞）が続く。

本丸西面（個人蔵）
明治期の撮影。右の本丸未申（西南）隅櫓から大天守に連なっていた四十六間の多聞櫓（具足多聞）は明治 24 年（1891）頃に撤去された。

本丸御殿・本丸辰巳（東南）隅櫓より見る
（『国宝史蹟 名古屋城』所収）
昭和16年（1941）頃の撮影。写真のほぼ中央の大きな屋根は本丸御殿広間（表書院）。

天守遠望（個人蔵）
明治期の撮影。左の石垣は御深井丸の石垣。右は西の丸の石垣。

大天守（『戦災等による 焼失文化財』所収）

北西堀側から天守（放送大学附属図書館蔵）
明治期の撮影。天守に鯱がなく（左写真と同じ）、時期が特定できる。

名古屋城（個人蔵）
右より大天守・渡廊下・小天守・本丸御殿。

名古屋城天守・小天守（個人蔵）
明治期の撮影。天守は五重五階。地下一階の層塔式天守。高さにおいては江戸城天守や大坂城天守に及ばないものの、延床面積においては両天守よりはるかに広く（姫路城天守の２倍以上）、史上最大級の天守である。小天守は二重二階、地下一階で天守と橋台で結ばれている。小天守の手前の建物は上台所、その左側に見える屋根は幕蔵、数寄屋蔵。右端にわずかに見える石垣は東一の門（櫓門）である。上台所の屋根に煙出しが見える。明治中期以降は見られなくなり後に切妻屋根に変わる。

本丸を東上空から望む（個人蔵）昭和初期の撮影。

天守内部地階

大天守南面

天守内部一階

天守内部二階

天守内部五階

上空南東より本丸を望む（個人蔵）昭和初期の撮影。

小天守東北面

小天守西北面

小天守内部地階

小天守西南面

小天守内部一階

天守・小天守と本丸御殿（『国宝史蹟 名古屋城』所収）
明治初期の撮影。本丸東面の多聞櫓から見る。昭和20年（1945）の戦災で全て焼失。

本丸南面（小沢健志氏蔵）
手前は南二の門（表二の門）、右端の櫓門は南一の門（表一の門）。その左方に多聞櫓が続く。写真は明治24年（1891）の濃尾大地震により崩壊した状況である。

北から見た天守（長崎大学附属図書館蔵）

西の丸榎多聞付近から天守遠望（小沢健志氏蔵）
明治初期の撮影。榎多聞の右上に本丸未申（西南）隅櫓、左右に白壁の具足多聞（多聞櫓）が続く。天守と本丸未申（西南）隅櫓の間に見えるのは小天守の屋根である。

本丸御殿
（長崎大学附属図書館蔵）
明治期の撮影。

本丸丑寅隅櫓東面（『国宝史蹟 名古屋城』所収）
昭和期の撮影。戦災焼失前。

本丸丑寅隅櫓北面（『国宝史蹟 名古屋城』所収）
昭和期の撮影。戦災焼失前。

本丸全景
（『国宝史蹟 名古屋城』所収）
明治期の撮影。

大手門
（『国宝史蹟 名古屋城』所収）
昭和期の撮影。明治 43 年（1910）江戸城にあった蓮池御門を移築した建物。戦災で焼失。

本丸東二の門正面
（『国宝史蹟 名古屋城』所収）
昭和期の撮影。戦災焼失前。

本丸南（表）一の門西面
（『国宝史蹟 名古屋城』所収）
昭和期の撮影。戦災焼失前。

本丸不明門正面
（『国宝史蹟 名古屋城』所収）
昭和期の撮影。戦災焼失前。

本丸東一の門北面
（『国宝史蹟 名古屋城』所収）
昭和期の撮影。戦災焼失前。

御深井丸西北隅櫓（個人蔵）
昭和期の撮影。清洲城の小天守を移築したと伝えられる櫓。三重三階の櫓で隅櫓では城内最大の規模を誇る。現存。

本丸御殿玄関・式台（個人蔵）
昭和期の撮影。

本丸御殿玄関・式台（『国宝史蹟 名古屋城』所収）昭和期の撮影。

本丸御殿玄関・式台（個人蔵）
昭和期の撮影。正面に唐破風造の式台、その奥に入母屋造の妻入の玄関。式台右に仕切門、後方に本丸東一の門。

本丸御殿広間上段の間（『国宝史蹟 名古屋城』所収）
昭和期の撮影。

本丸御殿上段の間（『国宝史蹟 名古屋城』所収）
昭和期の撮影。

吉《よし》田《だ》城

豊川の対岸から見た本丸（個人蔵）
昭和初期の撮影。明治９年（1876）に建物は全て取り壊された。川沿いには櫓が林立していたが、その面影はない。

築城年／永正２年（1505）
慶応３年の城主／松平信古
慶応３年の石高／７万石
存廃城／存城
所在地／愛知県豊橋市今橋町

永禄８年（1565）家康は東三河の要衝であるこの城を落とし、酒井忠次を入れるが、天正18年（1590）池田輝政が入封。輝政は石垣を築き、近世城郭への改修を図ったが、関ヶ原の戦後、姫路に転封となったため、未完成のまま工事は終わった。本丸付近に石垣、空堀などの遺構が残る。

豊川の対岸から望んだ本丸・腰曲輪（個人蔵）
昭和初期の撮影。写真中央部分の加筆修正が著しく、櫓の形がゆがめられている。右から川手櫓（三重櫓）、その左下段に多聞櫓。多聞櫓の真ん中に水の手門が開かれている。多聞櫓の遠方に北多聞櫓、入道櫓（左端）が建ち並んでいる。明治６年（1873）に失火により建物の大半を焼失、残った建物も同９年には払い下げ、取り壊しとなった。

大手門（深井政秀氏蔵）明治初期の撮影。

大手門跡（個人蔵）昭和初期以前の撮影。

田原城《たはら》

築城年／文明12年（1480）
慶応3年の城主／三宅康保
慶応3年の石高／1万2000石
存廃城／廃城
所在地／愛知県渥美郡田原町巴江

渥美半島要衝に位置する城で、永禄3年（1560）家康はこの城を落として三河平定を確実なものにしている。慶長6年(1601)、かつての城主戸田氏直系、戸田尊次が入って改修整備を行った。二の丸石垣と堀が残るほか、桜門と土塀が復元されている。

二の丸二重櫓（田原町博物館蔵）
明治初期の撮影。城内唯一の二重櫓で、田原城の象徴であった。加筆修正のためわかりにくいが、一階中央に出窓が見える。田原城の建物は明治3年（1870）の台風による被害と同5年の取り壊しによりすべて失われた。

天守東南面（岡崎市教育委員会蔵）
明治５年（1872）の撮影。天守右方に井戸櫓。その下方に本丸南門である二階門（櫓門）、左端に月見櫓。

岡崎城《おかざき》

築城年／康正元年（1455）
慶応３年の城主／本多忠民
慶応３年の石高／５万石
存廃城／廃城
所在地／愛知県岡崎市康生町

徳川家康生誕の城。今川義元が桶狭間に死すと、家康はこの城を拠点に三河平定に乗り出す。関東入部後の天正 18 年（1590）田中吉政が入封。近世城郭の姿を固め、元和３年（1617）三重三階の天守が築かれた。明治に入って天守は破却、戦後復興天守が再建された。本丸の石垣、堀が現存する。

天守南面（岡崎市教育委員会蔵）
明治初期の撮影。天守と井戸櫓の南面。右端の櫓は本丸月見櫓。天守は外観三重、内部三階・地下一階で、井戸櫓と付櫓（二重櫓）１棟と平櫓２棟を付属する複合式と称される形式であった。明治６年（1873）に天守をはじめとする建物は払い下げられ、同７年にかけて取り壊された。

天守西面（岡崎市教育委員会蔵）
明治初期の撮影。天守の付櫓はすでになく、天守台の西と北を囲んでいた土塀が見える。天守左下は坂谷の南多門（櫓門）と桝形。

本丸石垣と風呂谷曲輪（個人蔵）
昭和初期の撮影。上段が本丸、下段が風呂谷曲輪。

犬山城《いぬやま》

築城年／天文６年（1537）
慶応３年の城主／成瀬正肥
慶応３年の石高／３万5000石
存廃城／廃城
所在地／愛知県犬山市大字犬山

木曽川の険阻な断崖上に立つ「後堅固」の城。戦国後期には城主が目まぐるしく交替するが、関ヶ原の戦後に小笠原吉次が入り、近世城郭に改修。元和３年（1617）尾張藩付家老成瀬正成が城主となり、以後、江戸期を通じて在城。望楼型の三重四階の天守は現存天守のうち、最古のものの一つ。

三光寺山から見た天守（個人蔵）
三重四階、地下二階の望楼型天守がそびえる。

南西から望んだ三の丸・二の丸・本丸天守（個人蔵）
明治初期の撮影。左手前から松の丸（三の丸）未櫓、長塀奥に桐の丸（二の丸下段）未申櫓、天守、杉の丸（二の丸上段）御成櫓。

犬山城東面の景観（個人蔵）
明治初期の撮影。天守の下方の建物は本丸東下腰曲輪の丑寅櫓とその右端に水の手櫓が見える。

犬山城天守入り口（個人蔵）
昭和期の撮影。天守を除く犬山城の建物は明治９年（１８７６）頃から20年にかけて払い下げ、取り壊しとなった。

津《つ》城

築城年／天正８年（1580）頃
慶応３年の城主／藤堂高猷
慶応３年の石高／32万3950石
存廃城／在城
所在地／三重県津市丸之内

織田信長の伊勢平定時、長島一向一揆鎮圧の拠点として織田信包が築城。関ヶ原の戦い後、富田氏を経て名築城家藤堂高虎が入封、あえて天守を設けず、連郭式と輪郭式を組み合わせた革新的な縄張に改修した。現在、本丸、二の丸に天守台と高石垣、堀の一部が残り、模擬天守（三重櫓）が立つ。

津城石垣（個人蔵）
明治後期の撮影。堀に架かる木橋と西の丸入り口の石垣。

津城石垣（個人蔵）
明治後期の撮影。中央に天守台。石垣の裾にわずかに犬走りが見える。

西の丸隅櫓（毎日新聞社提供）
明治後期の撮影。西の丸に唯一あった隅櫓。

本丸東北面（樋田清砂氏蔵）
明治初期の撮影。中央が本丸丑寅（東北）隅櫓、右方が戌亥（西北）隅櫓。津城の櫓には千鳥破風がなく、藤堂高虎が建造した丹波亀山城天守と共通の意匠。櫓の外壁下端に一列の海鼠壁（瓦を張った壁）を作り風雨を防ぐ。本丸のほぼ全周を多聞櫓で囲んでいた。明治18年（１８８５）払い下げられ取り壊された。

伊勢亀山城《いせかめやま》

築城年／天正 18 年（1590）
慶応３年の城主／石川成之
慶応３年の石高／６万石
存廃城／廃城
所在地／三重県亀山市本丸町

天正 18 年（1590）蒲生氏郷に代わって、岡本宗憲が入り、荒廃した城を捨て、新たに三重天守を擁する連郭式の新城を築いた。天守は寛永９年（1632）三宅康盛の時に解体された。４年後入封した本多俊次が大改修を行い、天守台に多聞櫓を築き、天守として本丸北端の三重櫓を代用した。

本丸三重櫓（樋田清砂氏蔵）
明治２年（1869）撮影。三宅康盛は、誤って破却された天守に代わるものとして寛永 18 年（1641）に建てた。不鮮明ではあるが、櫓三階の外壁に長押（なげし）形が認められる。

二の丸御殿（樋田清砂氏蔵）
明治初期の撮影。中央の入母屋造の妻入は玄関式台、左に広間、左端は書院である。右に見える小門は表門。

三の丸大手門（樋田清砂氏蔵）
明治２年（1869）の撮影。桝形は、奥に櫓門、手前に切妻造の平櫓を置くことを定型としていた。櫓門の規模は 12 間 × ３間。窓などに加筆修正が見られる。

本丸東多聞櫓遠望（個人蔵）
明治初期の撮影。本丸多聞櫓の規模は８間×６間。矩折の平面構造で、下見板張であった。

伊《い》賀《が》上《うえ》野《の》城

築城年／天正 13 年（1585）
慶応３年の城主／津藩城代役持
慶応３年の石高／津城支城
存廃城／廃城
所在地／三重県伊賀市上野丸之内

天正 13 年（1585）伊賀に入った筒井定次が、その後突然改易。代わって藤堂高虎が入り、豊臣方に備えて城域を３倍に拡張、本丸西側に高さ 30 メートルにもおよぶ高石垣を築いた。五重の天守造営にも着手するが、暴風で倒壊。工期半ばで豊臣氏が滅亡し、全体の構想は未完に終わったが、広大な高石垣は今も残る。

二の丸東大手門（福井健二氏蔵）
明治８年（1875）の撮影。西大手門とほぼ同じ構造をもつ櫓門である。この東大手門は明治 20 年（1887）まで三重県上野支所、上野警察庁舎として使用されていたが、後に取り壊された。

京口橋と太鼓櫓（福井健二氏蔵）
明治後期の撮影。

二の丸武具蔵南面（福井健二氏蔵）
明治６年（1873）の撮影。右の土塀の内に建つのが二の丸武具蔵。武具蔵の左に妻面を見せているのが武具蔵附属の手当蔵。

本丸西面の高石垣（個人蔵）明治後期の撮影。

二の丸伊賀御屋敷（福井健二氏蔵）
明治６年（1873）の撮影。藩主の御成御殿。正面の長屋に表門が開く。右の切妻屋根は下台所、中央に広間、書院、中奥に殿舎群が建ち並んでいる。

二の丸西大手門東南面（福井健二氏蔵）
明治後期の撮影。西大手門は二の丸南面にあった雄大な規模の櫓門。正面に向けてコの字形に続櫓を設ける形式は伊賀上野城独特のものであった。西大手門は米倉庫として明治 40 年（1907）まで使用され、その後取り壊された。

天守台を望む（個人蔵）
昭和初期の撮影。天守台に石碑が見えるが、明治９年（1876）に建立された神戸城址天守台碑である。

神戸《かんべ》城

築城年／天正８年（1580）
慶応３年の城主／本多忠貫
慶応３年の石高／１万5000石
存廃城／廃城
所在地／三重県鈴鹿市神戸本多町

信長の伊勢平定戦に従い神戸に入った織田信孝が、天正８年（1580）五重天守を構えた近世城郭に修築。やがて、この地の重要性が薄れると、江戸期に廃城となり、天守は桑名城に。その後藩が復活、享保17年（1732）本多忠統が再修築したが、明治に入り再び廃城。天守台、土塁、堀が現存。

本丸隅櫓（二重櫓）（福井健二氏蔵）
明治初期の撮影。天守に代わる城の象徴であった。一階平側に入母屋造の出窓、妻側には唐破風造の出窓を設け、上重屋根には唐破風を付ける。小田原城の隅櫓（南曲輪東櫓）とほぼ同形式であった。明治４年（１８７１）の廃城後、同８年に建物が払い下げられ取り壊された。

桑名《くわな》城

築城年／慶長15年（1610）
慶応３年の城主／松平定敬
慶応３年の石高／11万石
存廃城／廃城
所在地／三重県桑名市吉之丸

室町末期の城郭を滝川一益が修築。その後慶長８年（1603）から、本多忠勝が大改修し、８年を費やして四重天守、50基の櫓を備えた壮大な城郭を造り上げた。鳥羽伏見の戦いで新政府軍に攻められ、建物のほとんどを焼失。その後本丸周辺の石垣も崩されたが、外郭に沿った堀の石垣は残る。

外郭の隅櫓（福井健二氏蔵）
明治中期の撮影。揖斐川河口に沿って平櫓が多数並んでいた。

裏門（松阪市教育委員会蔵）
明治初期の撮影。当初は渡櫓を載せた壮大な櫓門であったが、台風で破損したため櫓を壊し、仮の措置として櫓の代わりに茅葺き屋根を載せている。

松坂城《まつざか》

築城年／天正 18 年（1590）
慶応３年の城主／紀州藩城代役持
慶応３年の石高／紀州藩支城
存廃城／廃城
所在地／三重県松阪市殿町

天正 12 年（1584）松ヶ島城を秀吉から与えられた蒲生氏郷が４年後、場所を移して新城を築いた。三重天守のほか、多数の櫓があげられ、高石垣をまわした梯郭式の縄張だった。江戸期に入り、紀州藩直轄となり、維新を迎えている。本丸、二の丸、三の丸の石垣と御城番長屋が現存する。

二の丸遠望（東京国立博物館蔵）
右奥の石垣は本丸。廃城後の明治２年（１８６９）３月、明治天皇の東幸・伊勢参宮の際、二の丸御殿（徳川陣屋）に宿泊した。同10年１月15日、浮浪者の失火により二の丸御殿は焼失した。

二の丸御殿（東京国立博物館蔵）
明治初期の撮影。中央の切妻屋根の建物は屋根の形からみて台所部分である。明治５年（1872）壬申検査が実施された際に撮影された。

二の丸表一の門
（東京国立博物館蔵）
明治初期の撮影。切妻屋根の櫓門。明治５年（1872）壬申検査が実施された際に撮影された。

彦根城《ひこね》

築城年／元和８年（1622）
慶応３年の城主／井伊直憲
慶応３年の石高／ 25 万石
存廃城／存城
所在地／滋賀県彦根市金亀町

関ヶ原の戦い後、井伊直政が石田三成の佐和山城に入るが、新城造営を構想中に没し、遺志を継いで子の直勝が移転築城を実行。天下普請で造営され、近辺の廃城の部材も用い、天守は大津城から移築、櫓なども他の城から移築した。明治に入っても破却を免れ、華麗な姿を今に伝えている。

玄宮園と槻御殿（個人蔵）
昭和初期の撮影。下屋敷の庭園として造られた玄宮園は大名庭園として優美な姿を今に伝えている。江戸末期に建設された諸建物が現在も残る。

明治初期の天守（個人蔵）
東から撮影された天守。入母屋破風や切妻破風、軒唐破風や火灯窓などの装飾性に富んだ三重三階の天守である。左端下に本丸広間を囲む長屋の一部が見られる。右手下は天守の玄関の屋根。その上に重なっているのが天守続櫓の屋根。

大手口（ワーズウィック・コレクション蔵）
明治初期の撮影。左より現在も残る佐和口多聞櫓に似た二重櫓・多聞櫓、右に大手口の櫓門。この門と右端に半分見える櫓との間が大手口の桝形で、土塀と高麗門の一部が確認できる。

表門と二の丸御殿（文化財建造物保存技術協会蔵）
内堀端の土塀越しに檜皮葺・入母屋造の表御殿の大屋根が見られる。本丸にも御殿があったが、政務を行う御殿としてこの表御殿が使用された。左手には表門口があり、橋詰めの高麗門、その奥に櫓門が見える。表御殿の背後の山上には左から天秤櫓（現存）、写真中央の二十間櫓と呼ばれる多聞櫓、右端には城内でも一際大きな二重櫓であった月見櫓を望むことができる。

二の丸佐和口（彦根市立図書館蔵）
明治９年（1876）の撮影。京橋口と同様二の丸への堅固な門。中央に高麗門、その奥に桝形があり、左手に曲がって二重二階渡櫓門。右手に続く多聞櫓は現在復興されている。

二の丸京橋口（彦根市立図書館蔵）
明治9年（1876）の撮影。京方面からの正式な門として城内最大の規模を誇った。写真中央の京橋の先に高麗門と土塀で隔てられた桝形があり、左手には二重二階の渡櫓門。

山崎口（彦根市立図書館蔵）
左より天守・木橋・山崎口櫓門。現在は櫓門と木橋はなく、石垣門跡と石でできた小堤が築かれている。

黒門櫓（彦根市立図書館蔵）
櫓の中央部を二重櫓とする珍しい形式の門。

鐘の丸より天守を望む（個人蔵）
大正年間（1912〜26）の撮影。手前に見えるのは太鼓丸入り口の天秤櫓。奥に見えるのは本丸の天守である。

大手門橋（個人蔵）
左の彦根城大手門に架かる大手橋。写真中央に写っているのが、藩校稽古館跡に建つ旧制第一中学校（現滋賀県立彦根東高等学校）の校舎である。

二の丸船町口（彦根市立図書館蔵）
明治9年（1876）撮影。中央左に高麗門、その奥に二重渡櫓の櫓門。高麗門の右手に長大な多門櫓が続く。

芹川から城下町を望む（個人蔵）
左方向の琵琶湖に流れ込む芹川から彦根市内と彦根城を遠望する。

彦根城より琵琶湖を望む（個人蔵）
前方が埋め立て前の琵琶湖を望んだもので、手前は玄宮園の庭園か。

楽々園より佐和山城を望む（個人蔵）

佐和山城《さわやまじょう》

築城年／鎌倉時代
慶応３年の城主／なし
慶応３年の石高／なし
存在城／廃城
所在地／滋賀県彦根市佐和山

天正 18 年（1590）石田三成が入城し、近世城郭に修築した。三成は慶長５年（1600）豊臣一門の武将を糾合して挙兵、関ヶ原の戦いとなる。戦後井伊直政が入城するが、ほどなく没し、次代で彦根城が完成する。この城の造営に佐和山城の部材を用いたため、徹底的に解体破却され、廃城となった。

水口城跡（水口歴史民俗資料館蔵）

水口城《みなくち》

築城年／寛永 12 年（1635）
慶応３年の城主／加藤明実
慶応３年の石高／２万 5000 石
存在城／廃城
所在地／滋賀県甲賀市水口町

将軍上洛の際、桑名城、亀山城、膳所城に宿所を設けたが、その間に宿所となる城がなく、寛永 10 年（1633）東海道の宿場水口に「水口茶屋」「御茶屋」と呼ばれる宿所が造られた。幕府直轄の城で、作事奉行には小堀遠州があてられた。石垣、土塁、堀が現存。隅櫓、出丸の門などが復元されている。

二の丸水門と長塀（文化財建造物保存技術協会蔵）
琵琶湖に浮かぶ水城・膳所城の二の丸水門と長塀。

膳所《ぜぜ》城

築城年／慶長６年（1601）
慶応３年の城主／本多主膳正康穣
慶応３年の石高／６万石
存廃城／廃城
所在地／滋賀県大津市本丸町

徳川家康は関ヶ原の戦い後、大津城を廃し、京の押えと琵琶湖水上交通の要衝に置く城の築城を戸田一西に命じた。湖面に突き出た岬に藤堂高虎の縄張、天下普請によって築かれ、本丸、二の丸、北の丸それぞれが湖水に面していた。明治の廃城後、石垣はすべて失われ、水城の面影はない。

二の丸東南隅櫓（元離宮二条城管理事務所蔵）戦前の撮影。

二条城《にじょう》

慶築城年／慶長８年（1603）
慶応３年の城主／梅沢孫太郎（留守役）
慶応３年の石高／幕府直轄
存廃城／存城
所在地／京都府京都市中京区二条通

慶長６年（1601）徳川家康上洛の際の宿館・儀礼施設として造営に着工した。縄張は本丸のまわりを二の丸が囲む輪郭式。同８年家光時代に、天皇行幸儀式に備えて拡張・改修され、五重天守と本丸御殿が構えられたが天守は落雷焼失。最後の将軍慶喜が大政奉還を行ったのもこの城である。

二の丸火の見櫓（小沢健志氏蔵）
幕末に二の丸東北隅に造られた火の見櫓。

二の丸西南隅櫓（学習院大学蔵）
明治期の撮影。東南隅櫓が初重屋根を千鳥破風で飾っているのに対して、西南隅櫓は唐破風になっている。

二の丸東南隅櫓（個人蔵）
明治末期の撮影。右には現存する東南隅櫓。南面の施設は全て撤去されている。

本丸櫓門と二階廊下遠望
（元離宮二条城管理事務所蔵）
右から溜櫓、二階廊下。かつては二階廊下（右）の二階部分が橋上を渡って櫓門（左）と接続していた。二階構造の廊下橋は珍しい存在であった。昭和５年（1930）に二階廊下と溜櫓は解体撤去された。

二の丸溜櫓
（元離宮二条城管理事務所蔵）
現在は解体され、部材は保管されている。

園部城《そのべ》

築城年／元和７年（1621）
慶応３年の城主／小出英尚
慶応３年の石高／２万7000石
存在城／廃城
所在地／京都府南丹市園部町小桜町

元和５年（1619）小出吉親によって築かれた。小藩分家の造営のためか、陣屋形式をとり、幕府も城として扱わなかった。戊辰戦争時、天皇の緊急避難所として、新政府から城郭建築が認められ、日本最後の築城となった。明治になって造られた巽櫓、櫓門、番所のほか、それ以前の土塀、土塁が残る。

園部城櫓門（南丹市立文化博物館蔵）
明治末期撮影。明治５年（1872）建物や敷地が官有地や民間に払い下げられ、城の中心部分は小学校の校地となった。大正期になると園部高等女学校となる。

園部城櫓門（南丹市立文化博物館蔵）
明治期撮影。正面の門は本丸大手門にあたる櫓門。左奥に巽櫓（二重櫓）。門の左手前の土塀はもとは両側に設けられていた。

宮《みや》津《づ》城《じょう》

築城年／寛永 13 年（1636）
慶応３年の城主／松平宗武
慶応３年の石高／７万石
存在城／廃城
所在地／京都府宮津市鶴賀

細川藤孝が築き、関ヶ原の戦いのとき焼失した城跡に、京極高知が新たに造営。本丸を二の丸、三の丸が囲む輪郭式の構造で、天守は当初からあげられていなかったが、８基の櫓が配されていた。明治に入り破却され、堀も埋め立てられたため、現存遺構は太鼓門のみ。埋門が復元されている。

大手門（宮津市教育委員会蔵）
明治初期の撮影。二の丸の大手門（櫓門）とそれに続く土塀が見える。大手の櫓門は袖石垣が渡櫓より大きいため、土塀が櫓台上の一部まで囲っている。渡櫓には柱や長押が見えており、元和９年（1623）以後の創建の門にしては古式な意匠である。

丹《たん》波《ば》亀《かめ》山《やま》城

築城年／天正７年（1579）
慶応３年の城主／松平図書頭信正
慶応３年の石高／５万石
存廃城／廃城
所在地／京都府亀岡市荒塚南

明智光秀が丹波制圧の拠点として天正７年（1579）築城。光秀滅亡後は豊臣有力武将が歴封。慶長 14 年（1609）岡部長盛が入り、天下普請によって大改修、五重五階の大天守が築かれたが、今治城からの移築ともされる。昭和初期の大本教弾圧で石垣などの遺構は破壊されたが、修築。石垣と堀の一部が残る。

本丸南面（撮影：三田村顕教／三田村顕教追悼『追遠』所収）
明治５年（1872）の撮影。藤堂高虎が築いた五重五階の天守は、本邦最初の層塔式天守である。飾り破風を全く持たない点が特色である。最上階には高欄が見える。天守左下に見える大屋根は本丸御殿の書院で、手前を本丸多聞櫓が巡っている。右に折れた所が一の門で、右端に杉櫓が建つ。

本丸南面（文化財建造物保存技術協会提供）
明治５年（1872）頃の撮影。写真中央に天守と下に本丸御殿の書院の大屋根。右の櫓門は二の丸正門の二の門である。明治10年、天守以下の建物は払い下げ取り壊された。

福《ふく》知《ち》山《やま》城

築城年／天正７年（1579）
慶応３年の城主／朽木為綱
慶応３年の石高／３万 2000 石
存廃城／廃城
所在地／京都府福知山市字内記

中世に築城された横山城の跡に、丹波制圧間近の明智光秀が築城、近世城郭としての原型をととのえた。江戸初期、有馬氏が入封して拡張、改修を重ね、堀、土塁などを整備、現在残る連郭式城郭遺構の原型となった。三重四階の天守も築かれていたという。光秀時代の外観を復元した天守が立つ。

銅門続櫓（個人蔵）
明治８年（1875）天守以下の建物を払い下げ、取り壊された。大正５年（1916）銅門続櫓（番所）を天守台に移築する。

移築された銅門続櫓
（個人蔵）
昭和 60 年（1985）に復元天守が建てられるが、写真は天守建造前に天守台に並ぶ、大正５年（1916）に移築されていた銅門続櫓（左）と明治 14 年（1881）に天守台に遷祀された朝暉神社。

淀《よど》城

築城年／寛永２年（1625）
慶応３年の城主／稲葉正邦
慶応３年の石高／ 10 万石
存廃城／廃城
所在地／京都府京都市伏見区淀本町

秀吉が淀殿に与えた城（古淀城）ではなく、松平定綱が寛永２年（1625）竣工させた江戸期の城。造営は天下普請で行われ、廃城の決まった旧二条城の天守を移築、同じく廃城となった伏見城の御殿などを移築した。鳥羽伏見の戦火で城は焼け落ち、遺構として本丸周辺の石垣、堀、天守台が残る。

本丸石垣遠望（個人蔵）
大正初期撮影。淀城本丸石垣遠望。天守は宝暦８年（1758）落雷にて焼失､以後再建されなかった。明治４年（1871）の廃城後、建物は払い下げ取り壊された。

本丸石垣（個人蔵）
大正初期撮影。右の石垣が天守台。淀城には廃城になった伏見城の石垣が流用されたことで知られる。

大坂城《おおさか》

築城年／寛永６年（1629）徳川大坂城
慶応３年の城主／（大坂城代）牧野貞明
慶応３年の石高／幕府直轄
存在城／廃城
所在地／大阪府大阪市中央区大阪城

天正 11 年（1583）羽柴秀吉が築城した大坂城が大坂夏の陣で灰燼に帰すと、徳川幕府は西国の押えとして、元和６年（1620）天下普請によって再築を開始。豊臣大坂城の約２倍の高さの高石垣を築き、巨大天守を再造営。多数の櫓をあげた広大な城郭は、圧倒的な規模で豊臣大坂城を凌駕した。

京橋口桝形（個人蔵）
昭和期の撮影。京橋口の桝形門。京橋口の建築物は昭和 20 年（1945）戦災により焼失する。現在は石積みの巨石、肥後石が残る。後方に昭和６年（1931）に復興された天守がそびえる。

本丸東面（左頁写真）（宮内庁書陵部蔵）
慶応元年 (1865) 撮影。本丸東面には四棟の三重櫓がほぼ一直線に並んでおり、大坂城内でも特に壮大な景観を呈していた。写真に見えるのは４棟のうちの北方３棟で、左から馬印櫓、月見櫓、糒櫓。それぞれ三重櫓は、横矢掛りのための石垣屈曲部に建つ。櫓台の石垣は超巨石を用いている。

二の丸二番櫓、玉造門と巽櫓（A. ベルタレッリ市立版画コレクション・会津若松市）
明治期の撮影。南外堀の南側、現在の「においの広場」から撮影したもの。左手前が空襲で焼失した二番櫓、奥が玉造門と巽櫓。

山里曲輪北面（宮内庁書陵部蔵）

慶応元年（１８６５）撮影。本丸北方の山里曲輪の北入り口の桝形。手前に桝形の高麗門と右に多門櫓、後ろに本丸北の手櫓。

西の丸坤櫓と乾櫓（A. ベルタレッリ市立版画コレクション・会津若松市）
明治期の撮影。大手口から望む。手前が空襲で焼失した坤櫓、左奥が現存する乾櫓。坤櫓の右奥には、慶応４年（1868）に焼失した建物の屋根が見える。手前の広場は現在の大手前配水所。

坤櫓（右）・乾櫓（左）（個人蔵）
明治期の撮影。坤櫓、乾櫓と坤櫓の間の多聞櫓が取り壊されている。

二の丸伏見櫓（京橋口三階櫓）西面（宮内庁書陵部蔵）
慶応元年（1865）撮影。

二の丸伏見櫓（京橋口三階櫓）北面（宮内庁書陵部蔵）
慶応元年（1865）撮影。

二の丸大手南中仕切門と太鼓櫓（宮内庁書陵部蔵）
慶応元年（１８６５）撮影。左より二の丸四番櫓・大手南中仕切門・太鼓櫓。

二の丸一番櫓・二番櫓（大類伸監修『日本城郭全集』所収）
戊辰戦争後大坂鎮台の所管となり、土塀は撤去されて煉瓦塀となっていた。戦災で二番櫓は焼失した。

数寄屋前の武具奉行預櫓と多聞櫓（宮内庁書陵部蔵）
慶応元年（1865）撮影。西の丸御蔵前より望む。

数寄屋前の武具奉行預櫓と多聞櫓（宮内庁書陵部蔵）
慶応元年（1865）撮影。大手門大番所前より望む。

大坂城本丸紀州御殿と模擬天守（個人蔵） 昭和６年（1931）、市民らの寄付により模擬天守が建造された。

大坂城本丸紀州御殿車寄（国立国会図書館蔵）
昭和期の撮影。明治 18 年（1885）に和歌山城から二の丸御殿白書院、黒書院、遠侍を大坂城本丸に移築し、「紀州御殿」と称し陸軍の司令部庁舎とした。

大坂城本丸紀州御殿（個人蔵）

第２次世界大戦での戦火を奇跡的にまぬがれ、進駐していたアメリカ軍の施設になっていたが、昭和22年(1947)、失火により全焼した。

大坂城本丸紀州御殿
（個人蔵）

大坂城本丸紀州御殿
（個人蔵）

二の丸大手門と千貫櫓（放送大学附属図書館蔵）
明治初期の撮影。大坂城の大手口。高麗門と多聞櫓で桝形を形成。左は二重二階の千貫櫓。千貫櫓の規模は7間×8間。元和6年（1620）小堀遠州の設計で造営された。

山里曲輪北面（長崎大学附属図書館蔵）
慶応元年（１８６５）撮影。本丸北方の山里曲輪の北入り口の桝形。

橋から筋金門越しに京橋口を望む（長崎大学附属図書館蔵）
明治初期の撮影。

二の丸玉造門と巽櫓（A・ベルタレッリ市立版画コレクション・会津若松市）
慶応４年（１８６８）以前の撮影。玉造口の東側、現在の大阪城音楽堂北の噴水付近から撮影したもの。左が玉造門と玉造門多聞櫓、右の二重櫓が巽櫓、右下が大正時代に埋め立てられた東外堀。

二の丸大手門と千貫櫓（手彩色・鏡）（個人蔵）
明治期の撮影。大手門桝形の多聞櫓は嘉永元年（１８４８）に再建された。

岸《き》和《し》田《わ》城《だ》

築城年／天正 13 年（1585）
慶応３年の城主／岡部長寛
慶応３年の石高／５万 3000 石
存廃城／廃城
所在地／大阪府岸和田市岸城町

天正 11 年（1583）中村一氏が入ると、根来、雑賀衆に備えて改修を行い、近世城郭の形をとり始めた。これによって岸和田合戦に勝ち、以後の秀吉紀州征伐に貢献。同 13 年には小出秀政が入って大改修。天守も置かれた。江戸期に入り、岡部宣勝が海際に石垣を築き、現在模擬復興の天守が立つ。

本丸南隅（岸和田市史編纂室提供）
昭和初期撮影。隅の部分は平櫓台の石垣で左方向に多聞櫓が続いていた。小出秀政が築いた五重天守は文政 10 年（1827）落雷により焼失。廃城後の明治７年（1874）頃、城内の建物は払い下げ取り壊された。

岸和田城石垣と堀
（個人蔵）
明治後期撮影。

高取城《たかとり》

築城年／慶長年間（1596～1615）
慶応3年の城主／上村家保
慶応3年の石高／2万5000石
存廃城／廃城
所在地／奈良県高市郡高取町

日本有数の広大な山城。豪族越智氏の城から筒井順慶を経て、天正13年（1585）豊臣秀長が本多正俊を城主に据え、慶長年間（1596～1615）に近世城郭に改修。山頂に三重三階の天守、多数の櫓をあげ、土塀をまわした総石垣の山城を造り上げた。石垣、曲輪の遺構が比較的良好な状態で残る。

半左衛門櫓（個人蔵）
明治20年（1887）頃。三の丸北下の小曲輪に建てられていた隅櫓。

三の丸城代屋敷から写された二の丸（高取町教育委員会蔵）
明治20年（1887）頃の撮影。中央に土塀越しに火の見櫓の屋根が望める。左側の入母屋は二の丸御殿の玄関。従来は壺阪口櫓と伝えられていた。

二の丸太鼓櫓を望む（高取町教育委員会蔵）
明治20年（１８８７）頃の撮影。下段の土塀沿いを進むと堅固な石垣上に竹櫓、さらに右に進むと大手門（御城下）がある。左上方の石垣上に見えるのは、太鼓櫓（二重櫓）。その左に十五間多聞櫓の続櫓。その右手に新櫓の上重が見えている。写真は三の丸城代屋敷地より撮影された。

本丸石垣（個人蔵）
明治後期撮影。本丸西面の石垣。写真左の一段上の松の木が生える石垣が天守台。

大和《やまと》郡山《こおりやま》城

築城年／天正８年（1580）
慶応３年の城主／柳沢安申
慶応３年の石高／ 15 万 1200 石
存在城／廃城
所在地／奈良県大和郡山市城内町

筒井順慶は郡山城を本拠に定めた。天正８年（1579）改修に着手。天正 13 年城主となった秀吉の弟、豊臣秀長は周辺寺社から石材、部材を供出させ修復を継続、五重天守も築いた。その後増田長盛が入り、総堀構が完成。天守台と石垣、堀が現存。追手門と複数の櫓が再興されている。

篠山城《ささやま》

築城年／慶長 14 年（1609）
慶応３年の城主／青山忠敏
慶応３年の石高／６万石
存廃城／廃城
所在地／兵庫県篠山市北新町

慶長 14 年（1609）徳川家康は、豊臣氏、西国大名への押えとして、山陰、山陽、畿内を結ぶ交通の要衝、丹波に天下普請での築城を計画した。普請奉行に池田輝政を置き、縄張は藤堂高虎。天守台と二カ所の馬出が現存するが、天守は築かれなかった。戦時中焼失した大書院が復元されている。

二の丸大書院（朽木史郎氏蔵）
昭和期の撮影。大書院の屋根は本瓦葺きであるが、創建当時は柿葺きであった。二条城の書院を模したと伝えられる。

二の丸大書院（篠山市教育委員会蔵）
昭和18年（1943）の撮影。大書院が公会堂として使用されていた頃の姿。城内南西方向より撮影したもの。明治3年（1870）の廃城後、城の建物は大書院を除いて取り壊されが、昭和19年失火により焼失、平成12年（2000）復元された。

二の丸北西隅石垣（個人蔵）
大正10年（1921）の撮影。三の丸から二の丸を望む。

三の丸から二の丸大書院・大広間を望む（朽木史郎氏蔵）
明治10年（1877）の撮影。正面の石垣は北大手門・廊下門跡、その奥に二の丸大書院北正面の姿である。中門を左へ出し、唐破風の車寄が見える城内最大の建物であった。その右後方に唐破風の玄関の大広間が見える。

二の丸正面入り口（篠山市教育委員会蔵）
明治末期の撮影。遠方に二の丸大書院の屋根が見える。手前の門に「多紀郡高等女学校」「多紀郡公会堂」の高札がある。門は城の北側にあった「地方門」と呼ばれる門を仮設したもの。

大手馬出堀端から二の丸大書院を望む（朽木史郎氏蔵）
明治10年（1877）の撮影。右は大手馬出の石垣と土塀で、廃城後のまもない頃であるが、二の丸北正面の石垣上の多聞櫓、手前の三の丸土塀はすでに取り払われている。

明石城《あかし》

築城年／元和５年（1619）
慶応３年の城主／松平慶憲
慶応３年の石高／８万石
存廃城／廃城
所在地／兵庫県明石市明石町

元和５年（1619）入封した小笠原忠真が将軍秀忠の命で、西国大名への備えとして築いた城。海岸線間際に張り出す丘陵上に、本丸、二の丸、東の丸が一列に並ぶ。天守台が現存するが天守が建てられたことはない。坤櫓、巽櫓は阪神大震災で損傷、修復されて現存。同時に土塀が復元されている。

西南隅櫓（個人蔵）
明治昭和初期の撮影。明石城に現存する２棟の内の１棟。阪神淡路大震災で櫓台が破損して積み直しが行われた。

南東隅櫓（巽櫓）
（個人蔵）
昭和期の撮影。

三の丸太鼓門（明石市文化博物館蔵）
明治初期の撮影。正面の門は三の丸太鼓門。左頁上の写真と同じ場所。

東大手門
（個人蔵）
明治初期撮影。

三の丸太鼓門
（文化財建造物保存技術協会蔵）
明治初期の撮影。右中央に小さな屋根の高麗門、右奥に櫓門が見える。櫓門は柱や長押・貫を木地のまま見せる古い形式である。太鼓門桝形の左奥に本丸巽櫓と土塀が見える。

正門前大路（個人蔵）明治後期撮影。左が坤櫓、右が巽櫓。

東大手門跡と東南隅櫓
（個人蔵）
明治後期撮影。三の丸太鼓門跡より本丸東大手門跡と東南隅櫓を望む。

三の丸下三方蔵のゐの櫓（個人蔵）

姫路城《ひめじ》

築城年／天正８年（1580）
慶応３年の城主／酒井忠惇
慶応３年の石高／15万石
存廃城／存城
所在地／兵庫県姫路市本町

現存の連立式天守群は関ヶ原の戦い後、徳川家康の娘婿池田輝政が入封したときに築かれたもの。その後に入った本多氏が西の丸を付け加えて現在の形となった。別名白鷺城。白漆喰総塗籠の白く輝く姿からそう呼ばれてきたもの。82件の建造物が国宝、重要文化財。世界遺産にも登録されている。

絵図門外より天守を望む
（『大日本全国名所一覧』平凡社提供）
明治初期の撮影。右下に三の丸下三方蔵のゐの櫓、左に三の丸御作事所の東門である絵図門の続櫓。

三の丸の櫓群を眺望する（長崎大学附属図書館蔵）
明治７年（1874）以前の撮影。絵図門外より天守を望む。写真手前左には三の丸御作事所の絵図門桝形の一の門（高麗門）、右脇に平櫓がある。白漆喰塀を挟んで右に三の丸下三方蔵のゐの櫓が見える。この右手前は切妻屋根の鐘楼と思われる。

東南より大天守を望む（小沢健志氏蔵）明治期の撮影。

城下より天守を望む（兵庫県立歴史博物館蔵）
明治７年（1874）頃の撮影。東南より望む。写真手前には武家屋敷が点在する。大天守下に見える二重櫓はゐの櫓。その左方の三の丸御作事所の絵図門の土塀や櫓門が撤去され石垣だけになっている。

天守群南面（『姫路城保存修理工事報告書』所収）
昭和の修理前撮影。備前丸から見る。天守が傾いている。

東北から見た天守群（『姫路城保存修理工事報告書』所収）
昭和の修理前撮影。大書院の屋根は本瓦葺きである。

練兵場と天守群（個人蔵）明治期の撮影。手前は陸軍の建物。

姫路城を西より遠望（鳥羽コレクション）明治期の撮影。

東南より天守群を望む（小沢健志氏蔵）
明治期の撮影。大天守の右に見えるのは東小天守。天守群左下の隅櫓は太鼓櫓（への櫓）、その右下に帯郭櫓が見える。

尼崎城《あまがさき》

築城年／元和４年（1618）
慶応３年の城主／松平忠興
慶応３年の石高／４万石
存廃城／廃城
所在地／兵庫県尼崎市北城内

古くからの水陸交通の要衝尼崎に、元和３年（1617）戸田氏鉄が入封、幕命で築城した。大阪湾に面して築かれた平城で、本丸周囲に二の丸、三の丸、松の丸を配置した輪郭式の縄張。四重四階の天守もあがっていた。明治に入り石垣、建物すべてが破壊されたが、近年、石垣、土塀が復元された。

本丸南東面（尼崎市立地域研究史料館蔵）
明治初期の撮影。右奥は四重天守。天守の三重目の大きな切妻破風や二重目の唐破風が特徴である。左手前の櫓は本丸南東隅の武具櫓。

本丸伏見櫓南面（尼崎市立地域研究史料館蔵）
明治初期の撮影。伏見櫓は本丸南西隅で、加筆修正が著しいものの、南面の大きな唐破風と東面の切妻破風が見える。左方に二の丸土塀が延びる。明治６年（１８７３）以降、城の建物の払い下げ、取り壊しが進められ、これらの櫓も失われた。

赤穂城《あこう》

築城年／寛文元年（1661）
慶応３年の城主／森忠典
慶応３年の石高／２万石
存廃城／廃城
所在地／兵庫県赤穂市上仮屋

正保２年（1645）浅野長直が入り、陣屋造だった城に大改修を加えた。軍学者山鹿素行の縄張で、曲輪の外郭の角を鋭角にして死角を防ぐ稜堡式とするなど実戦的構造。天守台が築かれたが当初から天守はあげられていない。近年、本丸表門、厩門などをはじめ、大規模な復元整備がなされている。

三の丸塩屋門（花岳寺蔵）
明治初期の撮影。左の門は塩屋門桝形の高麗門。桝形内に仮設的な太鼓楼が見える。塩屋門は櫓門を欠く。右の二重櫓は唐破風出窓付きの赤穂城の定型である。

三の丸大手東北隅櫓（個人蔵）
明治初期の撮影。手前右は三の丸東北隅櫓。左に橋が架かっているのは三の丸大手門、桝形の高麗門が橋詰にあり、櫓門はその右の土塀の上に屋根が見えている。現在は桝形石垣が改造されて、高麗門の左方に通路が設けられている。

三の丸大手門を望む（個人蔵）
昭和初期の撮影。右側の櫓台石垣上には三の丸東北隅櫓があった。

二の丸潮見櫓（個人蔵）
明治初期の撮影。左の二重櫓は潮見櫓。正面の土塀には下見板張の石落しとが見え、土塀の右遠くには平櫓が望める。

二の丸門（花岳寺蔵）
明治初期の撮影。中央の切妻造の櫓門が二の丸門。その左右の土塀は甲州流軍学の粋を集めた複雑な屈曲を見せている。

本丸門（花岳寺蔵）
明治初期の撮影。本丸の正門の桝形を構成した高麗門と櫓門。左端にかすかに本丸二重櫓が見える。

稲荷台から出石を望む（豊岡市出石総合支所蔵）
大正期の撮影。

出石《いずし》城

築城年／慶長９年（1604）
慶応３年の城主／仙石久利
慶応３年の石高／５万8000石
存廃城／廃城
所在地／兵庫県豊岡市出石町

山名氏の有子山城に文禄４年（1595）小出吉政が入って、初代出石藩主となる。慶長９年（1604）子の吉英が有子山城を廃して、山麓斜面を利用した平山城の形で新たに出石城を築いた。斜面に稲荷曲輪、本丸、二の丸、下の曲輪を階段状に置き、最下段で三の丸が囲む梯郭式。背後に旧城が控える。

出石城高石垣（豊岡市出石総合支所蔵）
大正期の撮影。明治元年（1868）、城内の建物を取り壊した。

辰鼓楼大時計（豊岡市出石総合支所蔵）
大正期の撮影。明治４年（1871）三の丸大手脇に辰鼓楼を新築。

出石城石段（豊岡市出石総合支所蔵）
大正期の撮影。

山麓の大手口石垣（個人蔵）昭和期の撮影。

洲本城《すもと》

築城年／永正７年（1510）
慶応３年の城主／稲田邦植
慶応３年の石高／１万4000石
存廃城／廃城
所在地／兵庫県洲本市小路谷

古くから淡路水軍、安宅氏の山城だったが、その後菅氏が入り、秀吉の淡路征伐で開城。仙石秀久が城主となり、長宗我部氏に備えて整備改修。天正13年（1585）脇坂氏が入り大改修、今の城の縄張ができた。山頂に天守と各曲輪を配置、山麓に居館が置かれ、その間を壮大な登り石垣が結んでいる。

本丸遠望（個人蔵）
昭和期の撮影。標高約133メートルの三熊山山上部分を総石垣で固め、山麓部を居館曲輪にした戦国的構造をもった城である。昭和４年(1929)山上に模擬天守を復興する。写真に「昭和５年６月３日　由良要塞司令部許可済」と記載がある。

天守台（個人蔵）
標高約354メートルに築かれた天守台。

竹田城《たけだ》

築城年／嘉吉年間（1441～44）
慶応３年の城主／なし
慶応３年の石高／なし
存廃城／廃城
所在地／兵庫県朝来市和田山町竹田

秀吉の但馬攻めで落城した竹田城に、天正13年（1585）赤松広秀が入城。険しい山の稜線上に、天守台のある本丸を中心に、石垣造の曲輪を連ねた壮大な山城を構築した。その景観は「鳥が羽を広げたよう」とも。関ケ原の戦後改易となり、廃城に。晩秋には、雲海に浮かんだ「天空の城」となる。

和《わ》歌《か》山《やま》城

築城年／天正 13 年（1585）
慶応３年の城主／徳川茂承
慶応３年の石高／ 50 万 5000 石
存廃城／存城
所在地／和歌山県和歌山市一番丁

元は豊臣秀長の居城だったが、関ヶ原の戦い後の慶長５年（1600）浅野幸長が改修、元和５年（1619）家康十男頼宣が入って大拡張し、以後紀州徳川家の居城に。山頂に三重天守を置いた梯郭式・輪郭式複合の縄張。建造物は戦災で焼失したが、戦後天守が外観復元され、岡口門、追廻門が現存する。

二の丸多聞櫓と駿河櫓（個人蔵）
明治期の撮影。右端の二重櫓は駿河櫓。その左方に一部を二重櫓とした多聞櫓が屈曲して続く。明治 18 年（1885）二の丸にあった二の丸御殿・黒書院・遠侍が大坂城本丸に移築される。

和歌山城遠望（個人蔵）
大正期の撮影。右下の門は岡口御門（現存）。

南西より見た本丸天守曲輪（紀州経済史文化史研究所蔵）
大正期の撮影。左より続多聞櫓・天守が見える。昭和 10 年（1935）、天守・小天守ほか９棟が国宝に指定された。

天守南東面（個人蔵）
三重天守は嘉永３年（1850）の再建。小天守・隅櫓・櫓門を多聞櫓で結び、天守曲輪を形成していた。天守の左下に天守曲輪の一部が見えている。

和歌山城遠望（個人蔵）
昭和期の撮影。

VIEW FO WAKAYAMA CASTLE LOOK FROM OKA PARK.

南より和歌山城遠望（紀州経済史文化史研究所蔵）

THE LOTUS POND OF WAKAYAMA PARK SEEN IN
A SUMMER MORNING, WAKAYAMA CITY.

濠蓮池（個人蔵）
東南側より城跡遠望。左上が大天守、その下が松の丸櫓の石垣、その下が現存の長い塀、その右が巽櫓の石垣部分。

新宮十勝八景の内
丹鶴城址
（新宮保勝會發行）

新宮城石垣（個人蔵）
右側は本丸石垣。天守丸には天守・小天守が構えられていた。

新宮城《しんぐう》

築城年／元和４年（1618）
慶応３年の城主／紀州和歌山藩付家老水野忠幹（明治元年藩主となる）
慶応３年の石高／３万5000石
存廃城／廃城
所在地／和歌山県新宮市新宮丹鶴

慶長５年（1600）和歌山城主だった浅野幸長二男忠吉が築城したが、一国一城令により廃城に。元和４年（1618）分封を許され、再築を開始するが途中で移封。以後は紀州藩付家老水野氏が引き継いだ。熊野川河口付近に張り出した独立丘陵を利用して築かれ、山頂に本丸、山麓に二の丸が置かれる。

鳥取城《とっとり》

築城年／天文 14 年（1545）
慶応３年の城主／池田慶徳
慶応３年の石高／ 32 万 5000 石
存廃城／存城
所在地／鳥取県鳥取市東町

秀吉による過酷な兵糧攻めで有名。山頂部の山上丸と山麓の山下丸に分かれ、山上丸は天正９年（1581）に入った宮部氏が改修して天守をあげたという。山下丸は関ヶ原の戦い後改易された宮部氏から池田氏ににかわって近世城郭とした。山上の天守焼失後には、天守代用の御三階櫓が築かれた。

西より鳥取城遠望（宮内庁書陵部蔵）
明治 12 年（1879）以前の撮影。城下町の外より久松山中腹の鳥取城を望む。山上には建物は何も見えない。

二の丸御三階櫓（個人蔵）
明治初期の撮影。左にそびえる三重櫓が鳥取城の象徴であった「御三階櫓」。右方に走り櫓（多聞櫓）と菱櫓。走り櫓の内部は御殿の一部であった。

大手門跡と「御三階櫓」（個人蔵）
明治初期の撮影。大手橋の前に構えられていた大手門桝形の建物はすでにない。

「御三階櫓」（個人蔵）
明治初期の撮影。標高約263メートルの久松山山頂に築かれた山上の丸と中腹から麓に築かれた山下の丸からなる山城である。山上に天守が存在したが、山麓の二の丸に天守代用の三重櫓が構えられた。山上の丸の建物は享保5年（1720）の大火で焼失し、以後建てられなかった。写真左の三重櫓が「御三階櫓」。土塀を間に挟んで右方に走り櫓（多聞櫓）、菱櫓。明治12年（1879）御三階櫓以下の建物が取り壊された。

天守遠望（山陰歴史館蔵）
明治初期の撮影。山頂の天守は妻側（勾配屋根のかけられた建築物の棟に、直角方向に平行材が渡される両側面のこと）が見えている。典型的な望楼式天守で、大きな入母屋破風を二つ見せている。

米子《よなご》城

築城年／天正19年（1591）
慶応3年の城主／家老荒尾成富
慶応3年の石高／1万5000石
（鳥取藩支城）
存廃城／廃城
所在地／鳥取県米子市久米町

築城に着手したのは吉川広家だが、天正19年（1591）中村氏が入封して大改修。中海に臨んだ小山、湊山の上に築かれ、山上の本丸には既にあった広家の三重四階の天守（小天守）と並立する形で、新たに四重五階の天守を置いた。山麓に二の丸、三の丸を配し、二の丸には御殿が設けられた。天守台石垣、大手枡形が残る。

松江城《まつえ》

築城年／慶長 16 年（1611）
慶応 3 年の城主／松平定安
慶応 3 年の石高／ 18 万 6000 石
存廃城／存城
所在地／島根県松江市殿町

関ヶ原の戦い後、出雲に入封した堀尾吉晴は、いったん月山富田城に入るが、宍道湖に面した交通の要衝、松江の亀田山に築城を開始。慶長 12 年（1607）の着工から 4 年後竣工する。本丸には現存する五重五階、実戦的な構えの天守を置いた。平成に入り、南櫓、中櫓、太鼓櫓と土塀が復元されている。

天守を望む（個人蔵）
明治初期の撮影。

南東から見た松江城（個人蔵）
大正年間（1912～26）の撮影。

南東より天守・二の丸御殿を望む（松江市役所蔵）
明治初期の撮影。壊れかけていた二の丸の土塀は撤去され、左端に見られた二の丸御殿の一部は屋根が解体されている。

南東より天守・二の丸御殿を望む（個人蔵）
明治初期の撮影。中央の二の丸石垣上の大屋根が二の丸御殿。その右隅石垣上に中（平櫓）櫓。御殿左に南櫓（二重櫓）。

明治27年(1894)の修理前の天守（松江市役所蔵）

昭和30年(1955)の修理前の天守（松江市役所蔵）
昭和期の撮影。明治27年（1894）の修理が充分でなく、腐敗・破損が進んだため、昭和30年に解体修理が行われた。

天守（修理前）付櫓（松江市役所蔵）
軒裏の塗籠は明治27年(1894)の修理で板張となっている。軒先の屋根の傷みなど、破損が甚だしく昭和25年（1950）から30年にかけて本格的な解体修理が実施された。

東大手門（松江市役所蔵）
明治初期撮影。左手前は三の丸表門。その右に表門に連なる多聞櫓。高石垣は二の丸の石垣。木立の下の大屋根は二の丸御殿。その右に中櫓（平櫓）。その左斜め上に本丸武具櫓（二重櫓）、天守が見える。御殿の左の二重櫓は南櫓、その左に二の丸上段の御殿の屋根が見える

天守北面（個人蔵）
戦災前の撮影。

岡山城《おかやま》

築城年／天正元年（1573）頃
慶応３年の城主／池田茂政
慶応３年の石高／31 万 5200 石
存廃城／存城
所在地／岡山県岡山市丸の内

宇喜多直家が大改修した城を秀家が天正18年（1590）から本丸位置を移し、再改修、烏城とも呼ばれる黒漆塗りの下見板張り、五重六階の天守を築いた。関ヶ原の戦い後に改易されると小早川秀秋が入封、池田氏が続いて改修を継続､寛永９年（1632）頃ほぼ現在の姿となった。天守は戦後の外観復元。

天守北面（岡山城蔵）
戦災前の撮影。五重六階望楼式の天守。右方に二重二階の付櫓（塩櫓）を従える。天守台は長細い不等辺五角形で、上重を長方形に整形するため、二重目で複雑な調整が行われている。天守は昭和 20 年（1945）に惜しくも戦災で焼失した。

天守内部六階（岡山城蔵）
戦災前の撮影。

天守北面（岡山城蔵）戦災前の撮影。

天守内部五階（岡山城蔵）
戦災前の撮影。

天守内部四階（岡山城蔵）
戦災前の撮影。

西の丸西手櫓（岡山城蔵）
戦災前の撮影。

石山門（渋蔵門）（岡山城蔵）
戦災前の撮影。

天守内部二階中央室（岡山城蔵）
戦災前の撮影。

塩蔵（付櫓）内部二階（岡山城蔵）
戦災前の撮影。

天守内部二階西入側（岡山城蔵）
戦災前の撮影。

天守内部一階北入側（岡山城蔵）
戦災前の撮影。

天守内部一階北入側（岡山城蔵）
戦災前の撮影。

天守内部一階西入側（岡山城蔵）
戦災前の撮影。

昭和前期天守と月見櫓（個人蔵）
本丸の西北隅にある月見櫓は二重二階、地下一階の櫓である。櫓の規模は５間×４間。明治以後内郭に残ったのは天守と月見櫓、西の丸西手櫓の３棟であったが、天守は戦災で焼失した。

明治前期の天守と月見櫓（個人蔵）
月見櫓は唐破風造の出窓を多用した装飾性のある華麗な意匠の櫓である。

本丸大手口（岡山城蔵）
明治初年の撮影。写真中央の長い高欄は内堀に架かる内下馬橋。橋を渡った入り口に本丸の正門である内下馬門の高麗門と櫓門および三重の太鼓櫓。堀に架けられた内下馬橋は今は土橋となる。

明治後期の天守と月見櫓（個人蔵）
明治 15 年（1882）天守、月見櫓、西の丸西手櫓、石山門などを除く城内の建物が取り壊された。

内堀南より天守遠望（文化財建造物保存技術協会蔵）
左には二重三階櫓の宍粟櫓があり、右端には旗櫓。岡山城内に多い二重三階櫓である。特に二重目の平面の大きいことが特徴である。宍粟櫓の右奥に天守・三階櫓が遠望できる。

宍粟櫓（文化財建造物保存技術協会蔵）

旗櫓（文化財建造物保存技術協会蔵）

天守を後楽園から望む（個人蔵）
大正年間（1912〜26）の撮影。北面にある後楽園の庭より天守北面を望む。

本丸西面の景観（岡山城蔵）
明治初期の撮影。左より唐破風付きの伊部櫓（二重櫓）、右へ約50メートルも連なる二重の多聞櫓が続き、右端にわずかに太鼓櫓。その左奥に表向の大納戸櫓（三重櫓）が見える。

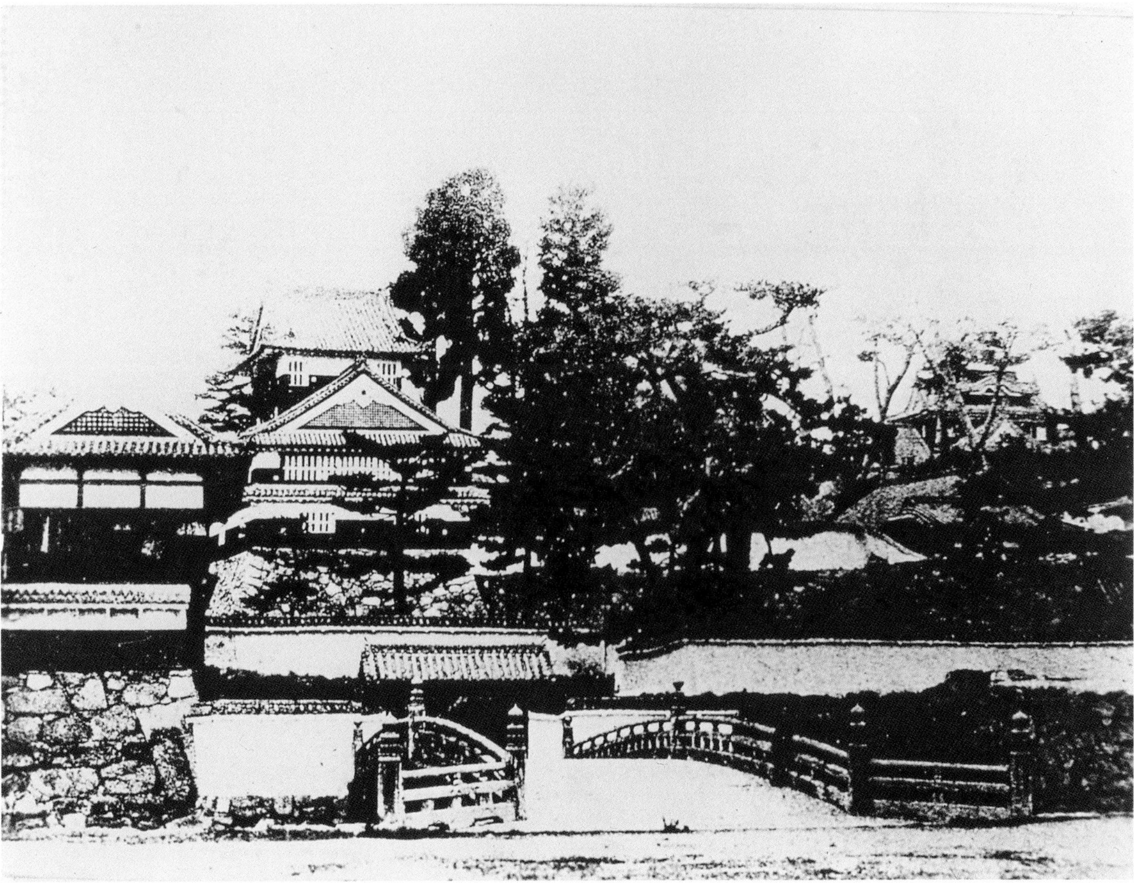

内堀南より大納戸櫓（岡山城蔵）
明治初期の撮影。正面に見える門は内下馬門（本丸大手門）の高麗門、左に妻面を見せる櫓門。櫓門後方の大型の三重櫓は亀山城（沼城）の天守を移築したという伝承のある大納戸櫓である。岡山城は明治15年（1882）に建物の取り壊しが行われた。

津山城《つやま》

築城年／慶長９年（1604）
慶応３年の城主／松平慶倫
慶応３年の石高／10万石
存廃城／廃城
所在地／岡山県津山市山下

慶長８年（1603）入封した森忠政が翌年築城にかかり、すべての曲輪を高石垣で築いて雛壇状に重ねた総石垣造の近世城郭を完成させた。破風なしの層塔型五重天守はその頃の最新形式。明治に入り、建物は破却されたが、広壮な石垣はじめ、堀、天守台が残り、のち備中櫓が復元されている。

北西から見た津山城（津山郷土博物館蔵）
明治初期の撮影。中央に五重五階地下一階の層塔式天守。天守左方が本丸。その一段下が二の丸、下方の長い土塀は外郭。天守左下の黒ずんだ櫓は色付櫓で、さらに左下の大きめの二重櫓は紙櫓で、二の丸搦手口を守る重要な櫓。城の北側は多数の櫓と城門が建ち並んでいた。明治６年(1873)、天守以下建物は払い下げられ、同８年頃までに取り壊された。

北西から見た津山城（津山郷土博物館蔵）
明治初期の撮影。

西面（津山郷土博物館蔵）
明治初期の撮影。中央上に天守。天守右下は二の丸塩櫓、さらに右に二の丸昇櫓。写真中央やや左の切妻造二重櫓は外郭土塁上のもの。

北西から見た津山城（津山郷土博物館蔵）
明治初期の撮影。

東北面（津山郷土博物館蔵）
明治元年（1868）の撮影。山上右より大戸櫓、粟積櫓、月見櫓。

東北面（津山郷土博物館蔵）
明治初年の撮影。

南面（津山郷土博物館蔵）
明治初期の撮影。左上に天守、その右は本丸の櫓で、左から備中櫓、長局（多聞櫓）、到来櫓。二の丸や三の丸は樹木で隠れている。

北西面（津山郷土博物館蔵）
明治初期の撮影。写っている城の左が本丸北東端で、それより右方が本丸。

宮川門周辺（渡辺泰多氏蔵　津山郷土博物館提供）
明治5年（1872）頃の撮影。津山城南東部の宮川門周辺を写したもの。写真右手前の出入り口は高麗門。その左方に土塀が連なる。高麗門の奥に二重隅櫓と多聞櫓で構えられた侍屋敷地。二重隅櫓奥にも高石垣上に二重櫓が見える。左方の高石垣は三の丸の石垣。津山城の外郭部分の門構えや建物の詳細がわかる貴重な写真である。写真は幕末の津山藩家老の松平国忠が撮影したとみられる。

備中松山城《びっちゅうまつやま》

築城年／仁治元年（1240）
慶応３年の城主／板倉勝静
慶応３年の石高／５万石
存廃城／廃城
所在地／岡山県高梁市内山下

近世の山城では唯一天守の現存する城。現存する天守、櫓などは、天和元年（1681）水谷勝宗の大改修時のもの。この天守は二重二階の小さなものだが、現存天守の中で最も高い位置（標高 430 メートル）にある。天守のほかに本丸二重櫓などが現存し、本丸南御門と複数の櫓、土塀が復元されている。

本丸二重櫓（個人蔵）
昭和初期の撮影。

天守と本丸二重櫓（高梁市教育委員会蔵）
昭和初期の撮影。屋根が落ち、西側面の渡櫓と東側面の突出部は崩れさって姿が見えないという昭和初期の惨状。昭和 15 年（1940）に修復。

天守南面（高梁市教育委員会蔵）
昭和初期の撮影。天守を南から望む。左端に見える入母屋造の屋根は八の平櫓である。

本丸二重櫓（個人蔵）
昭和初期の撮影。

五の櫓、六の櫓（個人蔵）
昭和初期の撮影。明治6年（1873）、山下の屋敷などは払い下げ、取り壊しとなったが、天守以下、山下の建物群は放置された。以後、天守や櫓の老朽化は激しく、見る影もないほどの無惨な姿をとどめていたが、昭和4年（1929）に二重櫓などの修理、昭和14年には天守の解体修理が実施された。

二階櫓二階

天守二階内部

天守二階内部（高梁市教育委員会蔵）
天守内部の写真は昭和15年（1940）修理後の撮影。

三原城《みはら》

築城年／慶長元年（1596）
慶応３年の城主／家老浅野忠英
慶応３年の石高／３万石
存廃城／廃城
所在地／広島県三原市城町

三原海岸にある二つの島と周辺を埋め立て、慶長元年（1596）小早川隆景が築いた海城で、堀には海水が流れ込んでいた。本丸東南部には船入を設けて軍港機能も持たせ、天守台も築かれたが、天守は置かれなかった。山陽本線・新幹線が本丸を横切り、本丸石垣、天守台、内堀がわずかに残る。

北西から見た本丸（三原市歴史民俗資料館蔵）
明治10年（1877）頃の撮影。

北から見た本丸北面（三原市歴史民俗資料館蔵）
明治28年（1895）撮影。明治24年に天守台の建物は取り壊され、同26年には山陽鉄道敷設のため城跡の大半が破壊された。現在は写真左方の石垣辺りが山陽新幹線三原駅となっており、写真のような面影はない。

桜山から見た三原城跡（三原市歴史民俗資料館蔵）
明治36年（1903）撮影。中央に内堀と高石垣の本丸。瀬戸内海に浮かぶ水城三原城の構えがわかる光景である。本丸後方に山陽鉄道の汽車の白い煙がたなびく。

北西から見た本丸（三原市歴史民俗資料館蔵）
明治初期の撮影。長大な多聞櫓によって囲まれている。明治５年（１８７２）、城の建物が払い下げられ、本丸と講武所を除く建物が解体された。同26年には本丸御殿も撤去された。

広島城《ひろしま》

築城年／慶長４年（1599）
慶応３年の城主／浅野茂長
慶応３年の石高／42 万 6000 石余
存廃城／存城
所在地／広島県広島市中区基町

輝元が天正 17 年（1589）から、太田川河口デルタに築城。複合連結式の五重天守は大坂城をも凌駕した。明治の破却も免れたが、原爆により、天守以下のすべてが破壊された。本丸中御門の石垣に原爆の熱線による痕跡が残る。天守は戦後、外観復元。平成に入り、複数の建物が復元された。

天守南面（三浦正幸氏蔵）
戦災前の撮影。下方の白壁の切妻造は、南小天守（三重）とを結ぶ渡櫓の残欠。戦後再興の際には付櫓風に改変された。

天守北西面（個人蔵）
明治後期から大正の撮影。一階北西隅に唯一残存した石落としが見える。手前の内堀には蓮が植えられていた。

天守東面（個人蔵）
戦災前の撮影。天守下方の切妻造の渡櫓（東廊下）は、東小天守（三重）とを結んでいた。戦後再興の際には、この渡櫓を省略している。

天守西面（『戦災による 焼失文化財』所収）
戦災前の撮影。

天守北面（『戦災による 焼失文化財』所収）
戦災前の撮影。

天守二階内部（『戦災による 焼失文化財』所収）

天守二階内部（『戦災による 焼失文化財』所収）

二の丸表御門西面（個人蔵）
二の丸は本丸に通じる出丸の役割があり、ここにあった城門。門の右には平櫓があったが、改造されている。その奥には多聞櫓と太鼓門櫓（二重櫓）が見える。

二の丸南面（三浦正幸氏蔵）
戦災前の撮影。太鼓櫓と多聞櫓（長櫓）。戦災前には、多聞櫓は東方18間分だけが残り、西方は取り壊されていた。

二の丸太鼓櫓と多聞櫓北面
（三浦正幸氏蔵）
戦災前の撮影。

二の丸多聞櫓と太鼓櫓西南面
（三浦正幸氏蔵）
戦災前の撮影。

二の丸太鼓櫓南東面（三浦正幸氏蔵）
戦災前の撮影。多聞櫓の西半分は二階土蔵に改変。

三の丸南門方面をのぞむ（徳川林政史研究所蔵）
元治元年（1864）徳川慶勝の撮影。写真の裏面に「元治元年甲／子冬十有二月／十有五日藝城之真景、本丸／見付ノ図」との尾張藩主徳川慶勝の直筆の墨書がある。元治元年11月、長州追討の征長総督として広島に赴いた徳川慶勝が宿所であった浅野右近邸近くの三の丸南門付近と考えられる。手前の建物は平櫓。その右方向の二重櫓がある門が三の丸南門である。

福山《ふくやま》城

築城年／元和６年（1620）
慶応３年の城主／阿部正片
慶応３年の石高／11万石
存廃城／廃城
所在地／広島県福知山市丸之内

徳川家康の縁戚、水野勝成が元和６年（1620）芦田川のデルタ上に築城。五重六階の天守北面は総鉄板張りとなっていた。伏見櫓と筋鉄御門が現存。伏見櫓は伏見城から移築されたもの。明治以後も天守以下、多くの建物が残存したが、ほとんどが戦災で焼失。その後、天守が外観復元された。

天守東南面（個人蔵）
戦災前の撮影。天守の最上階に高欄が廻っていた。

南より伏見櫓・筋鉄門を望む（個人蔵）
伏見櫓は三層入母屋造、本瓦葺で昭和29年（1954）の解体修理で二層目天井の構造材から「松の丸東櫓」と彫られた文字が見つかり伏見城の一部を移築したことがわかった。伏見櫓と筋鉄門の間に写っている建物の屋根に鯱が載っている。

内堀付近から望んだ福山城（園尾裕氏蔵）
すでに大半の櫓は解体され、堀は埋め立てられて、現在道路となっている。

南東面（個人蔵）
明治６年（1873）頃の撮影。建物の取り壊しが始まった福山城。本丸の御殿や土塀、二の丸南面の鉄御門周辺の櫓などは既に姿が見えない。上方右より天守と付櫓、鏡櫓、月見櫓、御湯櫓、筋鉄御門（現存）、伏見櫓（現存）、神辺一番櫓。右下は三の丸の隅櫓。

南東より天守を望む（個人蔵）
大正期頃の撮影。中央に天守。右の二重櫓は三の丸隅櫓であったが外観から別の用途に転用されている。

天守北東面（園尾裕氏蔵）
明治後期の撮影。天守の東・南・西面は白漆喰塗籠で、北面は城の防御上の弱点を補うために総鉄板張りであった。北面が黒っぽく写っているのは総鉄板張であったため。

天守南西面（個人蔵）
大正年間（1912〜26）の撮影。天守の最上層には縁と高欄があったが、風雨から守るために四周を板張りにして、中央の一部が明かりとりのために跳ね上がるようになっていた。

萩《はぎ》城

築城年／慶長 13 年（1608）
慶応３年の城主／毛利敬親
慶応３年の石高／ 36 万 1000 石余
存廃城／廃城
所在地／山口県萩市堀内

関ヶ原の戦い後広島城を追われた毛利輝元は萩に移り､慶長９年（1604）築城を開始。日本海に突き出す指月山に、詰の丸として２段の曲輪を配置、山麓には本丸を置いて五重五階の天守を築いた。二の丸は直接海に面し、海城の機能ももっている。明治に破却され、天守台、石垣、堀のみ現存。

天守南面（山口県文書館蔵）
明治初期の撮影。萩城天守は天守の建築史上、ちょうど旧式の望楼型から新式の層塔型への移行期に築かれたもので、望楼式天守の最末期の一つとなった。土台である天守台石垣より天守一階の方が大きく、外に張り出している。

天守南東面（萩博物館蔵）
明治初期の撮影。明治４年（1871）から７年にかけて、天守はじめすべての建物が払い下げられ、取り壊された。

天守南東面（山口県文書館蔵）
明治初期の撮影。五重五階の望楼型天守で、背面に付櫓を従えていた。天守台より外へ張り出して一階を設けている点に特色。

二の丸南面（山口県文書館蔵）
明治初期の撮影。下方は二の丸南門桝形の一部で、右端に櫓門の端部、その左方に続櫓。左下は高麗門。上に天守の上部。

天守南東面（山口県文書館蔵）
明治初期・ヒルマン撮影。

門（個人蔵）
写真中央の門は切妻造・本瓦葺の薬医門で、山口館の門、または旧山口藩庁門。

山口館《やまぐち》

築城年／元治元年（1864）
慶応３年の城主／毛利敬親
慶応３年の石高／36万石
存廃城／廃城
所在地／山口県山口市滝町

文久３年（1863）毛利敬親は、海防上問題のある萩城から移転を企図、藩内の異論を抑えて山口に館を構え、政事堂とした。幕府は第一次長州征伐後、破却を迫ったが、薩長が幕府を実力で凌駕するに至ると藩政機能を移転。明治に入って山口県庁となった。石垣の一部、堀、表門などが残る。

鷲の門正面（徳島市市史編纂室蔵）
大型の薬医門。城内で唯一残されていたが、戦災で焼失。
平成元年（1989）に復元された。

徳島城《とくしま》

築城年／天正 14 年（1586）
慶応３年の城主／蜂須賀斉裕
慶応３年の石高／ 25 万 7900 石余
存廃城／存城
所在地／徳島県徳島市徳島町城内

蜂須賀正勝長男家政が、天正 14 年（1586）吉野川河口近くの渭山に築いた平山城。山頂に本丸が築かれたが、三重天守は中腹の東二の丸に置かれた。明治に入って建物は全て破却、唯一残った鷲の門は戦災で焼失するが、平成に入って復元されている。堀と緑色片岩で組まれた石垣が現存する。

鷲の門と月見櫓（徳島市市史編纂室蔵）
明治期の撮影。左に鷲の門。徳島城の大手に相当する御殿の黒門の外郭・三木郭に構えられた門である。右の高欄が巡る二階櫓は御殿の月見櫓。

城内の長屋門
（徳島市市史編纂室蔵）
明治後期の撮影。門内には本瓦葺建物が２棟確認できる。後の大棟には物見櫓を設けている。

本丸御殿（徳島市市史編纂室蔵）
明治８年（1875）、城の建物は鷲の門を除き、払い下げられ取り壊された。

千秋閣（個人蔵）
明治40年（1907）、旧徳島城表御殿庭園の跡に皇太子（大正天皇）の行幸の際の旅館として千秋閣を造営した。

滑津橋より城内を見る
（徳島市市史編纂室蔵）
明治中期の撮影。橋を渡った先に大手門があった。

北の丸（北新曲輪）月見櫓（個人蔵）
昭和期の撮影。

高松《たかまつ》城

築城年／天正 16 年（1588）
慶応３年の城主／松平頼聰
慶応３年の石高／ 12 万石
存廃城／存城
所在地／香川県高松市玉藻町

天正 15 年（1587）生駒親正が築城。一説では黒田如水などの縄張ともされる。堀に海水が引き込まれた本格的な水城。本丸は内堀に囲まれ独立し、最上階が張り出した南蛮造の天守は水上に浮かんでいるように見えたという。天守は明治 17 年（1884）に取り壊されたが、櫓や城門などが現存。

北の丸（北新曲輪）月見櫓・水手御門（個人蔵）
写真左から月見櫓・続櫓・水手御門。これらは寛文 11 年（1671）に新造された北の丸に延宝 4年（1676）月見櫓・水手御門などを造営。水手御門から直接海に出られた。

天守南東面（ケンブリッジ大学図書館蔵）
明治 15 年（1882）12 月 30 日、臼井秀三郎撮影。天守は外観三重地上四階地下一階である、一重目の平面は天守台石垣より外側に張り出して造られ、三重目でも下層より上層の階を外に張り出している。これは南蛮造と呼ばれ、九州地方の天守に多く見られる手法である。明治 17 年（1884）、腐汚のため取り壊された。

東の丸艮櫓を北から見る（日本古城集ノ内）（個人蔵）
昭和初期の撮影。艮櫓周辺は昭和の初め頃には埋め立てが進んだ。これは海の方向から撮影されている。

東の丸艮櫓（個人蔵）昭和初期の撮影。

海より北の丸月見櫓・艮櫓を望む（個人蔵）
大正年間（１９１２〜２６）の撮影。高松城が海城であることがよくわかる。直接海に面している櫓２棟が現存しているのは大変珍しい。

東の丸艮櫓と北の丸月見櫓（個人蔵）
大正年間（1912～26）の撮影。まだ海が埋め立てられずに残っている。右方の三重櫓は北の丸月見櫓で、その手前に重なって見える櫓台は、北の丸鹿櫓の跡。艮櫓は昭和42年（1967）に太鼓櫓跡へ移築。

天守台跡遠望（個人蔵）
手前が天守台跡。明治35年（1902）に藩祖松平頼重を祀る社殿が建てられた。

丸《まる》亀《がめ》城

築城年／慶長２年（1597）
慶応３年の城主／京極朗徹
慶応３年の石高／５万 1112 石余
存廃城／存城
所在地／香川県丸亀市一番丁

応仁年間（1467 ～ 69）に奈良氏が築いた城を慶長２年（1597）生駒親正が大改修。元和元年（1615）に一国一城令で廃城となるが、その後入封した山崎氏、京極氏が改修を重ね現在の姿に城を完成させた。高さ 60 メートルにもなる石垣の上に築かれた三重三階の天守は京極高和によるもの。天守のほか大手門などが現存。

天守西面（個人蔵）昭和期の撮影。
天守は城の顔であり通例では最上層の屋根の向きを入母屋造平入正面とするが、丸亀城天守では妻面を城下に向けている。

大手門（個人蔵）
昭和初期の撮影。写真中央の高麗門（外門）と右に見える櫓門（内門）から枡形を形成していた。明治10年（１８７７）以後、城内の建物は次々と取り壊されていったが、天守と大手門は旧藩士の懇願により破壊をまぬがれた。

天守遠望（個人蔵）
大正年間（１９１２～２６）の撮影。東から天守を仰ぎ見る。山麓には御殿が設けられ、その一部の建物が木立の間に見える。

北西からの城址遠望（丸亀市立資料館蔵）
大正期頃の撮影。山頂に三重天守が小さく見える。城址は現状と大差がないが、城下の町並みはまだ江戸時代の趣が残る。

麓から天守を望む（個人蔵）
大正期の撮影。内堀内には今と違がい多数の建物が残されていた。手前の城の北側の外堀の方は上級の侍屋敷地であったが、明治に入り歩兵第12連隊の施設が設けられ広い練兵場があった。

二の丸鉄御門（今治城蔵）
明治初期の撮影。二の丸の正面である鉄御門の桝形。高麗門とその右上の櫓門および続きの多聞櫓が見える。櫓に下見板張が残る。

今治城《いまばり》

築城年／慶長７年（1602）
慶応３年の城主／松平定法
慶応３年の石高／３万5000石
存廃城／廃城
所在地／愛媛県今治市通町

慶長７年（1602）藤堂高虎により築城が開始された海城。三重の広大な堀には海水が取り入れられ、大きな船溜りが設けられた。本丸に建てられた天守は日本初の層塔型五重天守だったが、完成の数年後に丹波亀山城に移築された。現在の天守は昭和55年（1980）に再建された模擬天守。

石垣（個人蔵）
明治末期の撮影。右に本丸南隅櫓台、左に西隅櫓台が見える。さらに左奥に二の丸山里櫓台が見える。山里櫓台の奥には吹揚神社社殿が見える。

本丸西隅櫓と二の丸山里櫓（今治城蔵）
慶応３年（１８６７）半井梧庵の撮影。右は本丸西隅櫓、中央は二の丸の搦手である山里門（櫓門）と山里櫓。左下に山里へ通じる木橋と薬医門が見える。

本丸・二の丸南東面（今治城蔵）
慶応３年（1867）の撮影。左方の一段高い部分が本丸、その右方が二の丸。二重櫓は左より、本丸南隅櫓、本丸月見櫓、二の丸御金櫓。南隅櫓と月見櫓の間に多聞櫓が見える。本丸を取り囲む多聞櫓は今治城の特色のひとつ。

本丸・二の丸の石垣と堀
（個人蔵）
明治末期の撮影。本丸西隅櫓台を望む。内堀は幅 30 間と称され、潮の干満のある幅の広い水堀である。

二の丸御金櫓（今治城蔵）
慶応3年（1867）半井梧庵の撮影。左は二の丸の御金櫓。櫓の二階の窓のうち中央のものは石火矢（大砲）の狭間であって、日本の城郭では珍しい構造であった。中央下は新門、右下は桜門。

伊予松山城《いよまつやま》

築城年／慶長７年（1602）
慶応３年の城主／松平定昭
慶応３年の石高／ 15 万石
存廃城／廃城
所在地／愛媛県松山市丸之内

加藤嘉明が慶長７年（1602）に築城を開始した平山城。現在の松山市街の中心に位置する勝山山頂に本丸を置き、五重の大天守が建てられた。加藤氏の会津転封後、蒲生氏を経て松平氏の居城となる。三重に改築された天守は天明４年（1784）に焼失、現存天守は嘉永５年（1852）に再建されたもの。

天守曲輪南面（小沢健志氏蔵）
明治期の撮影。手前には本丸にあった倉が残っていることから明治 16 年（1883）以前の姿である。

二の丸を望む（小沢健志氏蔵）
明治期の撮影。山上に蒲生氏時代（1627 ～ 34）に完成し、蒲生御殿として利用されたが、二の丸が造営されると、蒲生御殿は三の丸に移された。明治５年（1872）、火災により主要建物は焼失した。

乾門前より天守曲輪を望む（個人蔵）
明治期の撮影。

北郭北面（松山市教育委員会蔵）
大正期（1912 ～ 26）の撮影。松山城では珍しい総塗籠の櫓。中央は二重櫓門。大正９年（1920）、松山市立第６尋常小学校建設のため櫓・門などの建物が取り壊された。

本丸から見た天守曲輪（個人蔵）
右手前に二の門南櫓、左に一の門南櫓、小天守、多聞櫓、南隅櫓が見える。後方は天守。昭和８年（1933）の放火事件前までは天守曲輪の天守及び櫓群はほぼ残っていたが、大天守を残して失われたが、昭和40年代に復元された。

本丸から天守曲輪を望む（個人蔵）
大正期頃の撮影。右より一の門南櫓、天守、小天守、南隅櫓。小天守と南・北隅櫓は昭和８年（1933）に焼失し再建。

大洲城《おおず》

築城年／慶長 14 年（1609）
慶応３年の城主／加藤泰秋
慶応３年の石高／６万石
存廃城／廃城
所在地／愛媛県大洲市大洲

肱川沿いの地蔵ヶ嶽に伊予宇都宮氏が築城。築年は元徳３年（1331）と伝わる。藤堂高虎、脇坂安治によって近世城郭へと改修された。肱川を利用して外堀と内堀に水が引かれ、山頂の本丸には層塔型の四重天守が建っていた。天守は明治 21 年（1888）に解体されたが、平成 16 年（2004）木造で再建された。

天守・台所櫓東面（大洲市立博物館蔵）
明治 25 年（1892）、天守は払い下げられ、取り壊された。この写真から飾りだけの千鳥破風や唐破風がよくわかる。

天守・台所櫓（現存）北面（大洲市立博物館蔵）
明治初期の撮影。四重の天守と渡櫓で結ばれた台所櫓。台所櫓は大きく、小天守と称することができる。台所櫓の左方には多聞櫓が続いていたが、既に取り壊されており、天守もまもなく破却された。

三の丸より本丸遠望（大洲市立博物館蔵）
明治初期の撮影。左上に本丸上段の台所櫓（二重櫓）、天守（木立の後で見えにくい）、その左に高欄櫓（二重櫓）。手前の二重櫓は三の丸の北西隅櫓。右下は外郭の侍屋敷。

本丸遠望（個人蔵）
明治後期の撮影。山上の本丸中央に本丸台所櫓、右に本丸高欄櫓が見える。すでに天守は取り壊されてない。

北西面（大洲市立博物館蔵）
明治初期の撮影。左上に天守、その下の二重櫓が北の丸櫓、さらに下に三の丸の二重多聞櫓。右方は二の丸と三の丸の北西隅櫓。

三の丸から本丸を望む（個人蔵）
大正初期の撮影。正面に三の丸東側の外堀に面した三の丸南隅櫓（現存）。明和３年（1766）に再建された櫓。右に本丸の高麗櫓・台所櫓が見える。

城下肱川渡し（個人蔵）
大正初期の撮影。肱川の渡しは江戸時代に４つあったが、このうちの桝形渡しと推定される。この渡しは平山城の城郭部・大手門の外側にあった。

西条陣屋の大手門　（個人蔵）
明治期の撮影。明治４年（1871）に西条県庁となる。写真は明治32年（1899）の愛媛県立西条中学の時期の光景である。

西条陣屋《さいじょうじんや》

築城年／不明
慶応３年の城主／松平頼英
慶応３年の石高／３万石
存廃城／廃城
所在地／愛媛県西条市明屋敷

加茂川河口の低湿地に立地した城で、寛永13年（1636）一柳直盛が入封し、嗣子の直重が創築した。同時に城下の整備も進めた。のち一柳氏が改易となると、幕府直轄を経て紀伊徳川家の分家西条松平家が幕末まで在封。ほぼ正方形の陣屋の周囲に海水を引き入れた幅広い堀がまわる。堀とわずかな石垣が現存。

宇和島城《うわじま》

築城年／慶長元年（1596）
慶応３年の城主／伊達宗徳
慶応３年の石高／10万石
存廃城／存城
所在地／愛媛県宇和島市丸之内

藤堂高虎が慶長元年（1596）に築城。築城地は宇和島中心部の丘陵、橘遠保が築いた砦の跡といわれる。埋め立てによって海とは隔てられているが、かつては北と西が海に接する海城だった。創建当初の望楼型天守はのち、伊達氏によって層塔型に建て替えられた。天守、門、石垣などが現存。

潮見櫓と黒門（宇和島市教育委員会蔵）
明治末期の撮影。東より写す。潮見櫓は矩折の多聞に隅櫓を載せ、黒門は長屋門形式である。

潮見櫓（宇和島市教育委員会蔵）
北より写す。海域としての面影が感じられる。現在、海に面していた三の丸も埋めたてられている。

天守と鉄砲櫓（宇和島市教育委員会蔵）

宇和島城遠望（宇和島市教育委員会蔵）
昭和期の撮影。城山頂上に天守の屋根が見える。城山を囲む堀はすでに埋めたてられている。

追手門正面（宇和島市教育委員会蔵）
明治後期の撮影。追手門左の長櫓（多聞櫓）が取り払われ、外堀が埋め立てられた。

追手門（宇和島市教育委員会蔵）
戦災で焼失以前の撮影。渡櫓は柱や長押の木地を見せており古式。寛文４年（1664）再建と記録されている。

追手門（宇和島市教育委員会蔵）
外堀の埋めたて前の状況。大手門前の多聞櫓が残っている。

追手門（宇和島市教育委員会蔵）
明治後期の撮影。大手門に繋がる土橋が見える。石垣天端には大きな延石が続いて配されている。

詰門
昭和期の修理前の撮影。本丸と二の丸をつなぐ空堀に構えた門。二階が本丸と二の丸を往来できる構造のため、橋廊下とも呼ばれた。

高《こう》知《ち》城

築城年／慶長６年（1601）
慶応３年の城主／山内豊範
慶応３年の石高／ 24 万 2000 石
存廃城／廃城
所在地／高知県高知市丸ノ内

山内一豊が慶長６年（1601）に築いた平山城。築城地の大高坂山は高知平野の中心に位置し、南北朝時代には大高坂城が築かれていた。享保 12 年（1727）の大火で建造物の大部分が焼失。現存の天守は延享４年（1747）に再建、初代天守を忠実に復元したものという。慶長期の古風な様式が残る。

詰門と廊下橋
昭和期の修理前の撮影。右端に詰門、左上に本丸の廊下橋。左端に御殿の一部が見える。

中島町大橋通りより見る高知城（個人蔵）明治末期の撮影。

追手門前から天守遠望（個人蔵）
明治末期の撮影。追手門は古くは大手門と呼ばれていたが、享保 12 年（1727）の大火で本丸の建物や大手門が類焼し、延享 4 年（1747）に再建された。その際、大手門を追手門としたといわれる。大手門の右にあるのは土佐藩歴代藩主を祀る山内神社の鳥居。

追手門（個人蔵）明治末期の撮影。本丸周囲の土塀や大手門の土壁が一部破損している。昭和の修理以前。

天守北西面（修理前）（寺田正写真文庫・高知市立市民図書館蔵）
昭和期の撮影。

天守と御殿（個人蔵）
明治期の撮影。標高 42 メートルの大高坂山山頂の本丸に築かれた四重六階の望楼型天守である。
東面から見る光景であるが、慶長 8 年（1603）に築かれた高石垣が天守をより高く感じさせる。

天守と御殿（寺田正写真文庫・高知市立市民図書館蔵）
幕末期の撮影。本丸御殿は寛延年（1748）に再建された建物。玄関である懐徳館の脇には土塀が続くが現存しない。

福岡城《ふくおか》

築城年／慶長12年（1607）
慶応3年の城主／黒田斉溥
慶応3年の石高／52万石余
存廃城／存城
所在地／福岡県福岡市中央区城内

黒田孝高、長政親子が慶長6年（1601）から7年をかけ築いた平山城。江戸期を通じての黒田氏の居城。城内に47もの櫓を有し、総面積24万平方メートルにもおよぶ巨城だった。巨大天守台が現存し、異説もあるが、かつては大・中・小3基の天守が東西に連なっていたという。櫓がわずかながら現存。

三の丸上の橋大手門（福岡市教育委員会蔵）
明治初期の撮影。下の橋（大手門）とともに城内へ通じる表口。櫓門は切妻造で妻面に小庇を付ける福岡城独特の形式。

本丸表門（大類伸監修『日本城郭全集』所収）
明治初期の撮影。現存する下の橋門の扉と同じく上部を格子として透かしている。櫓部分の窓は突上戸とする。右側には片流れの庇があり、石垣上まで伸びている。

二の丸北隅櫓と続多聞櫓
（福岡市教育委員会蔵）
明治初期の撮影。右端の二重櫓左方の石垣屈曲部に東御門（櫓門）がわずかに見える。左下の長屋門は重臣の屋敷。

本丸武具櫓南面（福岡市教育委員会蔵）
明治初期の撮影。類例の少ない二重多聞櫓で、両端は三重櫓。西端部には大きな切妻破風を設け、その上に入母屋造の屋根を載せる。

黒田別邸に移築された武具櫓（個人蔵）
大正時代に浜の町の黒田別邸に移築された当時の武具櫓・東三階櫓・西三階櫓。空襲で焼失した。移築時に突揚戸はガラス窓に改造されるが、軒先を方杖状に支える様式などは古式を守っている。

三の丸上の橋大手門（個人蔵）
明治期の撮影。城の北面に２つ設けられた大手のひとつ。江戸時代には櫓門も残っていたが、現在は石垣のみ残っている。

松木坂御門平櫓（個人蔵）
明治期の撮影。御門は失われている。向いにある平櫓は昭和初期まで残されていた。

三の丸下の橋大手門内（個人蔵）
昭和初期の撮影。櫓部分は失っていたが平成21年（２００９）に復元された。

崇福寺に移築された三の丸潮見櫓と花見櫓（個人蔵）
左が花見櫓、右が潮見櫓。明治41年（1908）に払い下げ移築され、崇福寺の仏堂として使用されている。移築された櫓の部材は確認されているが、どの櫓の部材かについての詳細はわかっていない。

松木坂御門の向櫓（個人蔵）
大正年間（1912～26）の撮影。向櫓（平櫓）と土塀。かぎ形になった先には櫓門があった。左側の石垣上に大組櫓があった。

久《く》留《る》米《め》城

築城年／天正 15 年（1587）
慶応３年の城主／有馬慶頼
慶応３年の石高／ 21 万石
存廃城／廃城
所在地／福岡県久留米市篠山町

室町時代後期に土豪が築いた砦が始まりといわれる。天正 15 年（1587）に入封した毛利秀包が近世城郭に改修。田中氏を経て元和６年（1620）に入封した有馬豊氏が大改修を行い、現在の城址の原型を完成させた。筑後川の地形を利用した平城で、本丸には７基の櫓を設けた。石垣と堀が現存する。

石垣（個人蔵）大正期の撮影。

南西より見た本丸
（久留米市教育委員会蔵）
明治初期の撮影。三重櫓は、左より坤櫓、太鼓櫓、巽櫓。その間を二重多聞櫓で結ぶ。巽櫓は規模が大きく天守の代用とされた。明治４年（1871）、城の建物が払い下げられ取り壊された。

久留米城石垣（個人蔵）
西から本丸南面を望む。建物は全て撤去されている。

柳川城《やながわ》

築城年／永禄年間（1558 ～ 70）
慶応３年の城主／立花鑑寛
慶応３年の石高／ 11 万 9600 石
存廃城／廃城
所在地／福岡県柳川市大字本城町

文亀年間（1501 ～ 04）に蒲池氏が築城したのが始まりとされる。天正 15 年（1587）立花宗茂が入封。関ヶ原の戦いで西軍に加担した宗茂に代わって城主となった田中吉政によって、五重天守建造などの大改修が実施された。明治 5 年（1872）の火災により建造物のほとんどが焼失した。

天守南面（御花史料館蔵）
明治初期の撮影。五重天守で、層塔式のようである。千鳥破風や唐破風を多用。最上階は板張で、四周総出窓であったらしい。明治 5 年（1872）1 月 18 日、原因不明の火災により天守以下の主要建物を焼失した。

天守台石垣（個人蔵）
明治末期の撮影。天保８年（1837）、失火により四重五階の天守が焼失している。

小倉城《こくら》

築城年／慶長７年（1602）
慶応３年の城主／小笠原貞正
慶応３年の石高／１万石
存廃城／廃城
所在地／福岡県北九州市小倉北区室町

交通の要衝である小倉に築かれた平城。豊臣秀吉の九州平定後に入封した毛利勝信によって大改修が実施され、現在の城址の基礎を築く。関ヶ原の戦い後に城主となった細川忠興は城を大幅に拡張。四重五階の層塔型・南蛮造の大天守なども、このとき造営された。堀や石垣などが現存する。

石垣（個人蔵）
明治末期の撮影。慶応２年（1866）の第２次長州戦争の際、城主小笠原忠忱が城を焼き払ったため、城内の建物のほとんどが失われた。右側は本丸に続く下屋敷を紫川対岸の方より望む。紫川の河口に突き出した御蔵から下屋敷の方への通路。

石垣（個人蔵）
明治末期の撮影。写真の右が二の丸。手前の左が下台所。その奥が北の丸。

唐《から》津《つ》城

築城年／慶長 13 年（1608）
慶応３年の城主／小笠原長国
慶応３年の石高／６万石
存廃城／廃城
所在地／佐賀県唐津市東城内

松浦川河口付近、標高約 40 メートルの満島山に立地する。縄張は連郭式の平山城だが、石垣の一部が海に面し、海城の要素も備える。城下に外堀を巡らせた惣構えで、城の部材は名護屋城解体の際のものを転用した。石垣と堀が現存。模擬天守のほか、複数の櫓が復元され、城域からは唐津湾が一望できる。

唐津小学校前の肥後掘（唐津市教育委員会蔵）
築城に協力した大名の地名がついた堀である。唐津小学校(現唐津市役所)が建設される以前にあった堀で、明治 33 年（1900）に埋められた。平成元年（1989）に復元されているが、石垣は低くなっている。

昭和初期の舞鶴公園付近（唐津市教育委員会蔵）
半島状に城が海に突き出た地形になっていた。満島山上に天守閣はなく、三の丸の外堀がはっきりとわかる。

本丸御殿（佐賀県教育委員会蔵）明治期の撮影。

佐賀城《さが》

築城年／元和元年（1615）頃
慶応３年の城主／鍋島茂実（直大）
慶応３年の石高／35万7000石余
存廃城／廃城
所在地／佐賀県佐賀市城内

佐賀市の中心部に築かれた平城。鍋島直茂が龍造寺氏が築いた村中城を改修拡張。土塁を基本とし、石垣は本丸周辺にあるのみ。幾重にも外堀がめぐり、有事に本丸以外を水没させる「沈み城」とも呼ばれた。佐賀の乱で建造物の大半を焼失。鯱の門や天守台などが現存。本丸御殿が復元されている。

御座の間（佐賀県立佐賀城本丸歴史館蔵）
右の鯱ノ門と同じく天保９年（1838）に再建された。

本丸鯱の門（佐賀県立佐賀城本丸歴史館蔵）
天保６年（1835）、本丸・二の丸全焼後の同９年に再建された建物。

旧佐賀城本丸御殿の建物 (御玄関・式台)（佐賀県立佐賀城本丸歴史館蔵）
昭和初期の撮影。昭和９年（1934）、本丸玄関・式台は龍泰寺本堂として移築される。

本丸御殿（佐賀県教育委員会蔵）明治期の撮影。

本丸御殿（佐賀県立佐賀城本丸歴史館蔵）
大正８年 (1919) 頃の玄関と式台。

石垣（個人蔵）
豊臣秀吉による２度にわたる朝鮮戦役後、建物は取壊され、石垣も島原の乱を受けて城としての機能を失なわせるように取壊されていた。現在は石垣の一部修理が進んでいる。

名《な》護《ご》屋《や》城

築城年／天正 19 年（1591）
慶応３年の城主／なし
慶応３年の石高／なし
存廃城／廃城
所在地／佐賀県唐津市鎮西町

豊臣秀吉が大陸への拠点として築いた陣城。松浦半島の北端に位置する。普請奉行に加藤清正と寺沢広高。九州の諸大名を中心に人夫が動員され、１年もかからずに完成させた。金箔瓦の五重大天守がそびえる巨城だった。周囲には城下町が形成され、10 万の兵士が駐屯するほどの賑わいだったという。

島原城《しまばら》

築城年／元和２年（1616）
慶応３年の城主／松平忠和
慶応３年の石高／７万石
存廃城／廃城
所在地／長崎県島原市城内

雲仙岳山麓に松倉重政が築城。本丸の北に二の丸、三の丸が連なる連郭式で、五重天守が築かれた。四万石の大名の城とは思えないほどの巨城。その無理な築城は過重な徴税やキリシタン弾圧などとあわせ、島原の乱の要因となる。明治に入り、建造物は破却。現在の天守は外観復元されたもの。

石垣（個人蔵）
戦後の撮影。現在は天守のほか櫓が３棟いずれも外観復元されている。石垣は元和から寛永（1615 ～ 44）にかけて石垣技術の進歩を確認できる貴重な遺産である。

本丸南東面（個人蔵）
昭和前期の撮影。往時には寛永２年（1625）建造の外観五重内部七階の大天守がそびえていたが、明治７年（1874）から９年にかけて、天守以下の城内の建物はすべて払い下げ取り壊された。写真中央の高石垣上に巽三重櫓が構えられていた。

石田城天守台（個人蔵）
戦後の撮影。堀をはさんで中央に冠木門。右手に櫓門が見える。

石田城《いしだ》

築城年／寛永15年（1638）
慶応3年の城主／五島盛徳
慶応3年の石高／1万5000石
存廃城／廃城
所在地／長崎県五島市池田町

福江城ともいう。五島列島の福江に五島氏が築いた城。幕末の文久3年（1863）に完成という新しい城。城内に砲台が備えられたのは、外国船に対する防備として幕府が許可したため。当時は海に面した海城だった。明治維新により城はその役目を終え、明治5年（1872）に解体された。二の丸に御殿庭園が残る。

二重櫓門遠望（個人蔵）
幕末の文化14年（1817）再建された大手門櫓。

二重櫓門（個人蔵）
大正8年（1919）解体、平成2年（1990）復元。

厳原城《いずはら》

築城年／享禄元年（1528）
慶応3年の城主／宗義達（重正）
慶応3年の石高／自称10万石格
存廃城／廃城
所在地／長崎県対馬市厳原町

朝鮮貿易を独占的に担った宗氏の居城。金石城とも。宗氏は享禄元年（1528）以来、金石屋形と呼ぶ館を本拠としていたが、寛文5年（1665）に修復拡張、櫓をあげて金石城とした。近世的な城郭だが独特の形式のもので、以後も宗氏の本拠となる。大手櫓門が復元されている。

南方より望む（個人蔵）
大村湾に突き出した玖島に築城された。明治4年（1871）に破却。

大村城《おおむら》

築城年／慶長4年（1599）
慶応3年の城主／大村純熙
慶応3年の石高／2万7900石
存廃城／廃城
所在地／長崎県大村市玖島

大村湾に突き出た半島に築かれた城。玖島城とも呼ばれる。慶長4年（1599）大村喜前によって築城された。以後廃藩置県まで大村氏の居城となる。同19年の大改修では加藤清正の指導を受けたという。現在、本丸には大村神社があるが、ここに天守が建てられることはなかった。

熊本城遠望（個人蔵）
明治初期の撮影。左より宇土櫓・小天守・大天守。

熊本城《くまもと》

築城年／慶長 12 年（1607）
慶応 3 年の城主／細川慶順
慶応 3 年の石高／ 54 万石
存廃城／存城
所在地／熊本県熊本市本丸

加藤清正が築城。慶長 12 年（1607）頃、室町時代に築かれた隈本城、千葉城を取り込んだ広大な城を完成させた。本丸の天守は三重六階の大天守と小天守が結ばれる連結式。宇土櫓をはじめ、大規模な櫓も多数建てられた。西南戦争の舞台となり、天守を含む建造物の大半が焼失した。

熊本城外郭の表門の内側
（長崎大学附属図書館提供）
明治 4 年（1871）頃の撮影。写真は新町と古町境の「新三丁目門」。内側の建物は番所。石垣が高く裏冠木が非常に大きい。

大天守・小天守（長崎大学附属図書館蔵）
手前の平左衛門丸内部に清正を祀る加藤神社がある。本丸に熊本鎮台が置かれていた頃の写真。加藤神社は明治 7 年（1874）に城外へ移築された。

西南戦争以前の大天守・小天守（宮内庁書陵部蔵）大天守では窓の内側にある格子が見えていることから板突揚戸が多数取り外されている。錦山神社は外に移されていることから明治７年（1874）頃と推定される。

熊本城（学習院大学蔵）明治初期撮影。左が御裏五階櫓。右が櫨方櫓。

北大手門（長崎大学附属図書館提供）
明治４年（1871）頃の撮影。左より宇土櫓・小天守・大天守。天守の北西部にあたる二の丸の一角（現監物台樹木園あたり）から本丸中心部を望む。手前は薬研堀、その先に西出丸石垣と塀がつづく。左端には北大手門が構えられ、背後には大小の天守、右側には木立の上に宇土櫓が見える。

熊本城本丸の南西部（長崎大学附属図書館提供）
明治４年(1871)頃の撮影。備前堀際から中心部を撮影。右端が飯田丸五階櫓、左に百間櫓がつづき、数寄屋丸五階櫓、長櫓上三階櫓などが見える。中央のやや右（木立の下）に大天守が見える。

備前坂から見た熊本城（長崎大学附属図書館蔵）
明治７年（1874）以降の撮影。中央の櫓は飯田丸五階櫓、その左に百間櫓と呼ばれる多聞櫓が続く。この奥に大天守の上層部が見えている。左端には現在門の一部が残る西櫓門。数寄屋丸五階櫓は解体され、櫓台上に大砲が置かれている。

二の丸から熊本城正面を望む（長崎大学附属図書館提供）
明治４年（1871）頃の撮影。西出丸の石垣と長塀がつづく。その右端に西大手門が位置する。塀の奥には西出丸の御蔵の大屋敷が見える。背後には大小の天守と三の天守とも呼ばれる宇土櫓が並ぶ。

熊本城大天守遠望（長崎大学附属図書館蔵）
明治初期の撮影。左より北十八間櫓、五間櫓。その上の本丸石垣上に長局・御裏五階櫓、その後方に大天守と小天守が見える。右手には御平櫓（現存）が見える。

熊本城遠望（個人蔵）
明治期の撮影。左より長局・大天守・御裏五階櫓・小天守。

熊本城（長崎大学附属図書館提供）
明治4年（1871）頃の撮影。

東より熊本城遠望（長崎大学附属図書館提供）
明治４年（1871）頃の撮影。場所不詳。大天守・小天守・御裏五階櫓の手前には長局の大きな櫓が見える。左手には東三階櫓があり奥に復元された本丸御殿台所が見える。

熊本城遠望（長崎大学附属図書館蔵）
明治初期の撮影。坪井川沿から本丸を望む。

人吉城《ひとよし》

築城年／寛永16年（1639）
慶応3年の城主／相良頼基
慶応3年の石高／2万2000石
存廃城／廃城
所在地／熊本県人吉市麓町

人吉市の球磨川、胸川合流地点に築かれた城。相良氏は670年におよぶ長期間この地を居城とした。相良氏13代長毎の頃、大改修を開始。30年以上をかけて城を完成させた。自然の地形を生かし、また川による水運も利用した。本丸には天守はなく護摩堂があったといわれる。石垣・土塁が現存する。

御館外の石垣（個人蔵）
明治期の撮影。明治8年（1875）、城内の建物・立ち木が払い下げられ、取り壊された。水の手門内側にある御館北側石垣には競り出した板石を並べ武者返しの石垣としている。

石垣（個人蔵）
明治期の撮影。球磨川下流から左岸にある人吉城を望む。右手前は隅櫓台跡。

岩下門（人吉市教育委員会蔵）
明治初期の撮影。城の南側の入り口となった門。冠木門形式の岩下門の左側（北側）の塀は大手門から続いた海鼠壁の土塀。門の右側（南側）の石塁に建つ塀は腕木が見えるので板塀と推定される。

胸川岸から見た漆櫓西面（人吉市教育委員会蔵）
明治2年（1869）の撮影。大手橋と漆櫓（多聞櫓）。櫓は下見板張り、土塀は海鼠壁。左手には土塀に張出し部分が設けられている。多門櫓は石塁の形状に合わせた鍵形の平面で、櫓の規模は2間×25間。左方向に左上写真の角櫓がある。

角櫓（人吉市教育委員会蔵）
胸川が球磨川に合流する城地の北西角に建てられた櫓である。発掘調査により「お下の乱」後に3間半×11間の櫓として建てられたことが判明している。写真では多門櫓と同様の入母屋造りの平櫓である。外側に窓を付けているが、原版はペン書きで修正されている。長塀は石垣に合わせて延々と東に伸びており、ムクの巨木群や外濠とした球磨川が満々と水を湛えている様子が知られる。

八代《やつしろ》城

築城年／元和５年（1619）
慶応３年の城主／八代城代松井盈之か敏之？
慶応３年の石高／３万石
存廃城／廃城
所在地／熊本県八代市松江城町

小西行長の麦島城が前身。行長が関ヶ原戦後斬首となると、そのあとに加藤清正が入り、修築を重ねるが、元和５年（1619）地震で倒壊。新たに八代城として輪郭式の平城を築いた。四重天守があげられ、多数の櫓が配置された石垣造りの城で、熊本藩支城だったが、一国一城令の例外とされた。

天守台北西隅石垣（個人蔵）
昭和期の撮影。寛文12年（1672）落雷により天守・櫓・長塀などを焼失。小天守以下は再建されたが、天守は再建されなかった。

本丸天守台と搦手口
（個人蔵）
天守焼失後の寛政９年（1797）本丸大書院・小天守・櫓などが落雷により焼失。後に再建されるが、明治６年（1873）の廃城後大書院を除き払い下げ取り壊された。大書院は二の丸に移築後、昭和61年（1986）に焼失する。

中津城《なかつ》

築城年／元和６年（1620）　　存廃城／廃城
慶応３年の城主／奥平昌服　　所在地／大分県中津市二ノ丁
慶応３年の石高／10万石

黒田孝高が築城を開始し、細川忠興が元和６年（1620）頃に完成させた。山国川河口のデルタ地帯に位置し、満潮時には海水が堀に取り込まれた。明治４年（1871）廃城。破却を免れた御殿も西南戦争で焼失した。現在本丸には模擬天守が建てられているが、天守が実在した確証はない。

本丸上段東面（中津市歴史民俗資料館蔵）
明治初期頃の撮影。二重櫓は上段の東南隅櫓。隅部に石落しを改造した出窓が見られる。ほかの建物は既に破却されている。明治４年（1871）殿舎の一部を除く城門、櫓などが取り壊された。

日出城《ひじ》

築城年／慶長７年（1602）
慶応３年の城主／木下俊愿
慶応３年の石高／２万5000石
存廃城／廃城
所在地／大分県速見郡日出町日出

慶長７年（1602）木下延俊が築城。別府湾に突き出た断崖上に築かれ、堀には海水を利用した。３万石の小藩ながら、本丸には層塔型の三重天守が建てられ、望海楼や東北角を欠く鬼門櫓などが設置された。鬼門櫓と裏門櫓は移築され老朽化していたが、近年復元工事が行われた。

本丸鬼門櫓（小野英治氏蔵）
明治期の撮影。本丸北東隅の鬼門を守る櫓で、北東隅（写真左端）を斜めに切り込んで鬼門除けとする。大正10年（1921）に解体移築。

畳櫓（個人蔵）
昭和初期の撮影。櫓の手前の鐘楼は明治の建築。

臼《うす》杵《き》城

築城年／慶長２年（1597）
慶応３年の城主／稲葉久通
慶応３年の石高／５万 605 石
存廃城／廃城
所在地／大分県臼杵市大字臼杵

大友宗麟が臼杵湾内の丹生島に築城。現在の城址は埋め立てにより海とは隔てられているが、当時は海に囲まれた天険の地だった。慶長５年(1600)入封した稲葉氏によって大改築され、現在目にする城の姿が完成。廃城後、大半の建造物は破却されたが、卯寅口門脇櫓曲輪と畳櫓が現存する。

二の丸西面（臼杵市教育委員会蔵）
明治期の撮影。右上は二の丸最大の井楼櫓、その手前は畳櫓（現存）、左端は時鐘櫓。上下同大の二重櫓は臼杵城んp定型。明治６年（１８７３）、天守以外の大部分を払い下げ取り壊された。

畳櫓遠望（臼杵市教育委員会蔵）
明治期の撮影。右上端に木立に囲まれて畳櫓（現存）。正面は古橋門跡、左は武家屋敷の塀。

石垣・堀（個人蔵）
明治期の撮影。

西の丸西南隅櫓（鳥羽コレクション）
大正期頃の撮影。昭和20年（1945）の戦災により二の丸大手門や西南隅櫓、到着櫓などを焼失する。昭和41年、これらを復元する。

府内城《ふない》

築城年／慶長4年（1599）
慶応3年の城主／松平近説
慶応3年の石高／2万1200石
存廃城／廃城
所在地／大分県大分市荷揚町

府内は大友氏が長く居館を置いた地。大分川の河口付近に位置する。慶長2年（1597）に入封した福原直高が築城。早川氏を経て入封した竹中重利が大改修を実施。四重の層塔型天守もこのとき築かれたが、寛保3年（1743）の大火によって焼失。宗門櫓と人質櫓が現存。

武家屋敷（鳥羽コレクション）大正期頃の撮影。

東の丸西南隅櫓（到着櫓）と大手門周辺（大分県立図書館蔵）
大正期頃の撮影。左端は西の丸西南隅櫓。中央は大手門桝形で、屋根上に鐘楼を載せた櫓門。右は二の丸（東の丸）西南隅櫓（到着櫓）。櫓門とその続櫓には火灯窓を開く。隅櫓は城内側の櫓台を欠き、地階を設けていた。窓の格子は廃され、ガラス戸が入れてある。

二の丸西南隅櫓（個人蔵）
昭和初期の撮影。左から西南隅櫓（二重櫓）、右の土塀の中間に宗門櫓（平櫓）、その遠方に二の丸（東の丸）西南隅櫓（到着櫓）。

南面（大分県立図書館蔵）
大正期頃の撮影。右端は大手門桝形で、屋根上に鐘楼を載せた櫓門。左方向に土塀が連なり西丸西南隅櫓（二重櫓）。櫓門とその続櫓には火灯窓を開く。

岡城《おか》

築城年／慶長元年（1596）
慶応３年の城主／中川久昭
慶応３年の石高／７万 440 石余
存廃城／廃城
所在地／大分県竹田市大字竹田

標高 325 メートルの天神山に築かれた山城。中世から続く歴史の古い城だが、文禄３年（1594）に入封した中川秀成の大改修により近世城郭となった。明和６年(1769)には自然災害で建造物の大半を失うが後に再建。滝廉太郎「荒城の月」のモデルともいわれ、絶壁のような高石垣が今に残る。

南東面遠望（竹田市教育委員会蔵）
明治初期の撮影。建物の窓や土塀の狭間などは加筆修正されている。中央が本丸で三重の天守が見える。左一段下は三の丸。明治４年(1871)から５年にかけて天守以下の建物が払い下げられ、取り壊された。

豐後岡城全

佐《さ》伯《い》城《き》

築城年／慶長11年（1606）
慶応3年の城主／毛利高謙
慶応3年の石高／2万石
存廃城／廃城
所在地／大分県佐伯市山手区城山

慶長11年（1606）毛利高政が築城した山城。番匠川河口近く、八幡山の山頂に本丸が置かれ、その両翼に二の丸、西出丸と北出丸を配置。三の丸は山麓にあり、御殿が置かれた。本丸に三重天守もあがったが、のちに焼失。本丸石垣と三の丸櫓門が現存するが、御殿は昭和後半に解体移築された。

三の丸御殿（個人蔵）
明治後期頃の撮影。中央手前が書院、その左奥が広間で、佐伯城の表御殿であった。右端の寄棟造の殿舎は藩主が日常生活をした休息所・居間。右上の切妻造の建物は台所。本丸と二の丸は山上にあり、藩主は山麓の三の丸に住んだ。左端に三の丸櫓門（現存）。

三の丸御殿（個人蔵）
昭和初期頃の撮影。手前が書院、その左奥が広間となる。

三の丸櫓門（個人蔵）
手前に櫓門（現存）、その奥に御殿の屋根が見える。

三の丸櫓門（個人蔵）

二の丸高石垣（個人蔵）
昭和期の撮影。当時より隅の石垣のラインは乱れていたことがわかる。現在でも隅に立つと左右に稜線が振れている。

延岡城《のべおか》

築城年／慶長８年（1603）
慶応３年の城主／内藤政挙
慶応３年の石高／７万石
存廃城／廃城
所在地／宮崎県延岡市本小路

五ヶ瀬川と大瀬川に挟まれた丘陵の上に位置する。高橋元種が慶長６年（1601）より築城を開始し、同８年に完成。天守は存在せず、天守代用の三階櫓があがっていた。高さ 20 メートル超の二の丸の高石垣は「千人殺し」と呼ばれ、一部の石を外すと全壊して敵を殺す仕掛けがあるとされていた。

二の丸高石垣（個人蔵）
昭和期の撮影。

二の丸高石垣（内藤記念館蔵）
昭和期の撮影。

城門（東京国立博物館蔵）
明治期の撮影。

鹿《か》児《ご》島《しま》城

築城年／慶長９年（1604）
慶応３年の城主／島津茂久（忠義）
慶応３年の石高／77万800石
存廃城／存城
所在地／鹿児島県鹿児島市城山町

関ヶ原の戦い後に、島津忠恒が城山山麓に新たに築いた平城。城山を詰城として背後に負うが、天守も重層櫓も置かない簡素な構えのものだった。幕末の薩英戦争では大きな被害を蒙ったが、明治に入っても在城。しかし、その後の大火で全焼後、西郷隆盛の私学校が置かれ、西南戦争の舞台となる。

本丸兵具所多聞櫓北東面
（島津忠廣氏蔵）
明治初期の撮影。櫓の隅は鬼門除けに壁面を入隅とする。

本丸正門（東京国立博物館蔵）
明治初期の撮影。中央が正門の櫓門。右は本丸北東隅の兵具所多聞櫓。櫓の外壁は海鼠壁であった。明治６年（1873）、本丸の建物を焼失する。

本丸正門遠望（個人蔵）
明治初期の撮影。中央に正門の櫓門。左端は南東隅の角櫓。

本丸御殿の前庭（尚古集成館蔵）
明治初期の撮影。御殿の多くが桧皮葺屋根であった。木立の奥は城山。

首里城《しゅり》

築城年／不明
慶応３年の城主／琉球王尚泰
慶応３年の石高／７万 3086 石
存廃城／存城
所在地／沖縄県那覇市首里当蔵町

琉球王国尚王朝の王府。城は公務に使用される内郭を王族の居住区域が囲む構造になっていた。明治 12 年（1879）の琉球処分で琉球王国は途絶え、太平洋戦争では市街戦の戦場となってすべてが灰燼に帰した。平成に入り、失われていた主要な建物、石垣を復元、世界遺産に登録されている。

守礼の門（宮内庁書陵部蔵）
昭和初期の撮影。戦災で失われたが、昭和 33 年（1958）に復元された。

正殿正面（宮内庁書陵部蔵）
昭和初期の撮影。

南殿（左）と番所（右）北面
（那覇市教育委員会蔵）
大正期の撮影。右から番所、南殿、南之廊下。

正殿正面（那覇市教育委員会蔵）
昭和８年（1933）頃の撮影。首里城の中心となる建物で、琉球王国の宮殿の正庁であった。北京の故宮太和殿やソウルの景福宮勤政殿に相当する建築で、上下二層の屋根や高い石造基壇の形式が共通している。正面の大唐破風や細部の意匠は日本式で、沖縄独特の趣があった。

奉神門撤去後の御庭周辺（那覇市教育委員会蔵）
大正期の撮影。

瑞泉門（那覇市教育委員会蔵）
戦前の撮影。

漏刻門（宮内庁書陵部蔵）
戦前の撮影。

内郭東面（那覇市教育委員会蔵）
中央上方に正殿の背面が見える。下方は裏門である白銀門で、石造の拱門。大正期頃の撮影。

レンズが撮《と》らえた **幕末日本《ばくまつにほん》の城《しろ》**《永久保存版》

■写真協力（順不同）

函館市中央図書館／松前町教育委員会／弘前市教育委員会／清養院／文化財建造物保存技術協会／仙台市博物館／国際日本文化研究センター／秋田市立佐竹史料館／山形市教育委員会／米沢市立米沢図書館／鶴岡市立図書館／白河市教育委員会／会津若松市教育委員会／徳川林政史研究所／国立公文書館／平凡社／水戸市立博物館／古河歴史博物館／土浦市立博物館／石井敏夫／高崎市教育委員会／深井正昭／行田市郷土博物館／菅谷義範／東京国立博物館／社団法人霞会館／日本大学藝術学部／松戸市戸定歴史館／厚木市郷土資料館／東京都立中央図書館特別文庫室／横浜開港資料館／横浜美術館／報徳二宮神社／小田原市立図書館／長崎大学附属図書館／山梨県立博物館／新発田市教育委員会／富山県立図書館／高岡市立博物館／金沢市立玉川図書館／坂井市教育委員会／福井市立郷土歴史博物館／井田晴彦／深志高校同窓会／松本城管理事務所／宮内庁書陵部／竹田泰三／大垣市立図書館／関七郎／藤枝市郷土博物館／浜松市立中央図書館／田原町博物館／岡崎市教育委員会／毎日新聞社／樋田清砂／福井健二／松阪市教育委員会／彦根市立図書館／水口歴史民俗資料館／元離宮二条城管理事務所／学習院大学／南丹市立文化博物館／宮津市教育委員会／国立国会図書館／放送大学附属図書館／岸和田市史編纂室／高取市教育委員会／篠山市教育委員会／朽木史郎／明石市文化博物館／兵庫県立歴史博物館／尼崎市立地域研究史料館／花岳寺／豊岡市出石総合支所／紀州経済史文化史研究所／山陰歴史館／松江市役所／岡山城／津山郷土博物館／渡辺泰多／高梁市教育委員会／三原市歴史民俗資料館／園尾裕／山口県文書館／萩市郷土博物館／徳島市市史編纂室／ケンブリッジ大学図書館／亀山市立資料館／今治城／松山市教育委員会／大洲市立博物館／宇和島市教育委員会／寺田正写真文庫・高知市立市民図書館／福岡市教育委員会／久留米市教育委員会／御花史料館／唐津市教育委員会／佐賀県教育委員会／佐賀県立佐賀城本丸歴史館／人吉市教育委員会／中津市歴史民俗資料館／小野英治／臼杵市教育委員会／大分県立図書館／竹田市教育委員会／内藤記念館／島津忠廣／尚古集成館／那覇市教育委員会／姫路市城郭研究所／冨重寫眞所／弘前市役所／犬山市役所／松井久／岩淵四季／福井県観光連盟／丸亀市教育委員会／松山市役所／高知城管理事務所／大洲市役所／白河市歴史民俗資料館

■編者紹介

■監修

小沢健志（おざわ　たけし）

大正14年（1925）生まれ。東京国立文化財研究所技官、九州産業大学大学院教授などを経て現在、日本写真協会名誉顧問、日本写真芸術学会名誉会長。東京都歴史文化財団理事1990年に日本写真協会賞功労賞を受賞。おもな著書に『日本の写真史』ニッコールクラブ、1986年。『幕末・写真の時代』筑摩書房、1994年。『幕末・明治の写真』筑摩書房、1997年。『写真で見る幕末・明治』世界文化社、2000年、『写真明治の戦争』筑摩書房、2001年ほか。共著に『写真の幕開け』小学館、1985年、『芸術写真の系譜』小学館、1986年ほかがある。

三浦正幸（みうら　まさゆき）

昭和29年（1954）名古屋市の生まれ。東京大学工学部建築学科卒業、工学博士・一級建築士、広島大学大学院文学部研究科教授。専門は日本建築史および文化財学。天守や城郭建築の復元的研究、社寺建築の調査研究などを行う。諏訪原城・名古屋城・岡山城・赤穂城・津和野城・松山城・河後森城・宇和島城・能島城などの国史跡整備委員会委員を兼任。著書に『城の鑑賞基礎知識』（至文堂、1999年）、『城のつくり方図典』（小学館、2005年）、『神社の本殿』（吉川弘文館、2013年）など多数。岡崎城東隅櫓・浜松城天守門・高根城井楼ほか・吉川元春館跡台所などの復元建築を設計。

■編著者

來本雅之（くるもと　まさゆき）

昭和40年（1965）彦根市の生まれ。広島大学大学院工学研究科博士課程後期単位取得退学。中世仏堂及び城下町形成について研究。公益財団法人文化財建造物保存技術協会勤務。著書に『最新日本名城古写真集成』（新人物往来社　2002年）、『古写真に見る日本の名城 別冊歴史読本』（新人物往来社　2008年）

■装丁

有限会社 グラフ（新保恵一郎）

■編集協力

有限会社 リゲル社・小野寺由紀子・服部　崇・道倉健二郎

レンズが撮《と》らえた **幕末《ばくまつ》日本《にほん》の城《しろ》**《永久保存版》

2013年4月15日　第1版第1刷印刷　2013年4月25日　第1版第1刷発行

監　修　小沢健志《おざわたけし》　三浦正幸《みうらまさゆき》

編　著　來本雅之《くるもとまさゆき》

発行者　野澤伸平

発行所　株式会社 山川出版社

〒101-0047　東京都千代田区内神田1-13-13

電話　03(3293)8131（営業）　03(3293)1802（編集）

http://www.yamakawa.co.jp/

振替　00120-9-43993

企画・編集　山川図書出版株式会社

印刷所　半七写真印刷工業株式会社

製本所　株式会社 宮田製本所

© 山川出版社 2013　Printed in Japan

ISBN 978-4-634-15036-2

・造本には十分注意しておりますが、万一、落丁・乱丁などがございましたら、
　小社営業部宛にお送りください。送料小社負担にてお取り替えいたします。

・定価はカバーに表示してあります。